AQUARIUS

AQUARIUS

AQUARIUS

AQUARIUS

# Vision

一些人物，
一些視野，
一些觀點，
與一個全新的遠景！

# 除非我們
# 尋找美麗

黃孫權

〈自序〉
# 我的左手發芽了

　　這本書出得有點意外。有一天突然收到了寶瓶文化總編輯亞君的來信,她看了〈包租婆之島〉一文被瘋狂轉貼後,問我有無出書的打算,我當時半信半疑,難道我文章通俗可人,是心靈雞湯等級產品了?亞君說不,現在社會需要批判之聲。之後一切各位也可想像,你們拿到的這本書,就是亞君與辛苦的寶瓶文化編輯們,在我生活之外的異世界努力向我望來的成果。

　　書裡的篇章,多是近來受邀寫的,有種工具感,用後即丟,短蹴戰鬥風格,有種應該在「無能改變現實」成為事實前,你要與之搏鬥一番才能算數的感覺。

　　你很難想像興趣廣泛的業餘愛好者能夠專心精選自己的代表作,也許羅蘭‧巴特行,但我不行。儘管我依著心中主題選擇近年來評論有關媒體、藝術、文化政策、建築的文章,但對讀者是否清晰,我完全沒把握。我發表過無數文章,多半是為了行動所需而非展現某種優美文意,為了樂趣而非塑造特定領域的專業性。總之,我的幾篇文章不是我的全部。老實說,我

心中最愛的仍是在《破報》早期每週一篇的總編手記，在那些幾乎不算文章的文章中，是我仍有信仰且行動之生活政治的全部，是與一群青春無敵的同仁奮鬥，在自己的媒體找到自己相信且認同的一切。

前陣子網路上流行一篇〈十九位華人藝評家逐個數〉的文章，我不認識作者熊月禽（專業熊貓按摩員〔兼營黑熊〕），但其中一段描寫我的，被無數朋友轉貼給我看。他（或她）這樣寫道：

「黃孫權，屬於無時無刻都必須要保持帥氣瀟灑的書寫者。格鬥、攻擊、轉身、護衛，任何姿態必須讓費洛蒙充分散發。無可救藥的左翼浪漫分子，無法適應無聊乏味的埋頭研究學者生活，只為了當下的行動或目的而且戰且走。屬於蒐集／分析歷史資料並不精確求是的評論者，不過，不礙事的。」

朋友總在揶揄我幾句話後說，很接近你。我知道的，馬克思說：「批判的武器不能取代武器的批判，」魯迅說：「革命文學家和革命家竟可說完全兩件事。」寫文章與行動完全兩碼事，然而，讀了約翰・伯格你方知藝術應有的力量，讀了魯佛的《佩德羅・巴拉莫》方知世事塵間，你總在你行動前思考，而寫作就是思考的力量。

在出書之前，我的左手腕浮腫青筋上冒出了小囊包，有時甚痛，學名叫腱鞘囊腫，是一個不會好卻無大礙的毛病。長年的編輯工作，過度單靠雙手的勞動，本也不太在意。倒是，看著

它，好像這二十年的寫作歷史肉身化了，我不知道這是批判思考的獎賞，還是批判無度的報應。我倒寧願想像，裡面有顆左翼思想的種子，有一天它會發芽茁壯，能夠阻止「無能改變現實」成為現實。

2014六月於高雄

# 目錄

〈自序〉我的左手發芽了 —— 008

【輯一】鏡像

• 行動一定不要是反應，而是創造 —— 016

• 我們一起愛（或恨）大黃鴨，只是因為我們害怕羞恥 —— 020

• 包租婆之島 —— 023

• 好文化就是好生意？ —— 027

• 大開誰的眼界？狂飆的八〇年代之後 —— 031

• 總編手記：大方踩過《破報》吧！ —— 037

• 如果曾有噪音的話，也離反抗甚遠 —— 040

• 豪宅燈火，庶民無望 —— 044

• 雙城合謀記 ——— 047

• 變電箱上的垃圾 ——— 050

• 找不到雨果的台北101，以及，已然寫就注定傾頹之石頭寓言 ——— 056

• 改變移動的事實性 ——— 063

• 祖國，父國，母國 ——— 067

【輯二】**折射**

• 我們在此相遇——藝術家侯淑姿與她的左營眷村影像 ——— 076

• 與社會交往的藝術 ——— 086

• 青春共同記憶，與傷痛魂身再見
　——2013高美獎得主：陳云《好久不見》 ——— 090

• 置人與悶——林文蔚 × 黑金城文件展 ——— 098

• 走出雙展辦，看見幸福（大廈） ——— 103

• 伊達邵的歌聲 ——— 107

• 我想寫本什麼都沒有的書 ——— 110

• 艾未未與藝術的第四種含意 ——— 114

• 玻璃底片上的西方眼睛 ——— 117

• 留住一切親愛的！ ——— 121

- 無關佔領，只是無聊的小確幸而已 ——— 124

- 三階段打造品牌地景密技 ——— 128

- 識異、交往、快感——跨領域藝術在台灣 ——— 131

- 誰在乎誰策展：當今藝術的「歷史性計畫」 ——— 137

- 三種脈絡，三個方法——談謝英俊建築與台灣空間生產之辯詰 ——— 144

- 當建築成為展覽，終而只剩展覽——記兩屆威尼斯建築雙年展 ——— 168

## 【輯三】視界

- 怪醫豪斯瑪莉娜 ——— 184

- 必須與複音唱和！——活在疆界上的女人們——亞洲女性藝術家1984–2012
  （Woman in-between: Asian Woman Artists 1984-2012） ——— 187

- 視界／世界的社會權利 ——— 195

- 後八九的歷史皺摺 ——— 199

- 以節慶去構想一個城市——關於亞維儂藝術節的幾點思考 ——— 210

- 除非我們尋找美麗，否則無法拒絕羞辱 ——— 216


〈附錄一〉「我身為批評家，無意旁顧平衡立場！」
    ——Douglas Kellner專訪 ——— 219

〈附錄二〉今日的烏托邦，明日的現實——David Harvey專訪 ——— 229

【輯一】**鏡像**

文化是買賣的修辭，藝術是資本主義的前鋒，
鏡像之內，是意識形態；鏡像之外，唯有行動。

# 行動一定不要是反應，
# 而是創造

「我持有對現實的欲望，因為我相信我的欲望的實現！」

凌晨兩點開車衝上台北的時候，腦袋一直浮現這句話。是的，今天我還要上課，還有生平第一次的個展要開幕，但看到我學生朋友都在行政院遭受警察暴力對待，我無法靜心，除了衝車北上，別無它法。我無法強迫學生「罷課」，像一間大學教授強迫他們若不到抗議現場就要寫一萬字的報告，但容許我請假吧，我可以花更多的時間補課。因為老師不能將自己的政治判斷加諸學生身上，而上課是討論政治判斷的基礎，知識並不亞於街頭；同時，街頭也不亞於知識，我們要改變的並非文詞美妙思辨精采的腦波，而是現實。

「禁止一切禁止！」

今天的課是「文化行動研究」，這是我來高師大教書後每年必開的課程，通常以1960年代垮掉的一代（beat generation）與

1968年的學生運動❶作為開章，從第三世界與解殖的觀點來理解歐美青年「花的革命」是如何產生的。討論達達主義與國際情境主義者如何突破藝術專業與日常生活的界線，以日常生活作為鬥爭的思考❷。1999年西雅圖反全球化運動產生的翻轉和全球獨立媒體中心（indymedia center）❸的興起，墨西哥原住民解放軍 Zapatista 精采的副司令 Marcos 的童話革命哲學，到後現代花俏的各種政治塗鴉、電音派對以及環保先鋒主義、監督不良企業、文化反堵等等。從三一八學潮發生以後，許多畢業的學生又拿起當初上課的文本開始閱讀，並告訴我：「當初我有念沒有懂，現在我懂了。」於是，知識變成了實踐力量，故事變成經驗。

除了1960年代的嬉皮（Hippie）文化是帝國主義的殘響外，其他的運動其實都緊扣著一個主題：新自由主義與自由貿易協定（FTA, Free Trade Agreement）。新自由主義是資產階級復辟運動，將全球的貧富差距拉回1920年代二戰前的「水準」，而使得貧富差距縮小的並非人類的良心與努力，而是戰爭。新自由主義不是經濟成長的哲學，而是財富分配的技術，是解除公共、集體、福利等人類好不容易歷經工業革命後努力習得的公平社會的制度安排。而自由貿易協定，則是讓新自由主義能夠全球運作的國際「協商」手段（連協商都不用的是美國對待智利、伊拉克的模式），是巨型經濟政體最有效的工具，透過國與國的祕密約定（如美國的 TPA 法案），或脅迫的約定，使得財富移轉更容易，而弱勢的產業（如墨西哥原住民的耕地，台灣的小農）被犧牲，人民公共財被賤售（如國有土地、國營企業），集體消費被財團化（如醫院、大學、住宅、交通運輸、

❶指1968年春天的法國學運，亦稱五月風暴，也有「花的革命」之稱。

❷一戰前的達達主義與二戰後的國際情境主義，是歐洲歷史前衛主義重要的傳統，其共通點都在於突破藝術專業藩籬，讓藝術走出美術館，走出展覽機制，讓藝術回到日常生活。

❸ 獨立媒體中心（independent media center），1999年西雅圖反全球運動時，運動分子為了抵抗主流媒體的打壓，在運動現場發送自行編製的報紙，然印刷成本貴，普及度不高，遂於2000年成立了網路媒體中心，採用開放原始碼的軟體，讓全球運動組織都可無限制的，以文字、聲音、照片、攝影的即時傳播來報導當地的重要社會議題。逐漸衍生為全球超過120個城市加入的獨立媒體網絡，是反全球化運動中最為人熟知的全球化媒體運動。

電信、電力,甚至水源),新自由主義的解除管制聽起來很可口,真正的意思就是解除資本運作的限制。

1995年WTO成立,此架構要取代關稅暨貿易總協定(General Agreement on Tariffs and Trade,簡稱GATT)。台灣為了加入WTO,李登輝在1996年喊出了亞太營運中心,更早之前,行政院在1989年就成立了「公營事業民營化推動小組」,1991年立法院通過「公營事業轉移民營條例」,直到2002年,台灣才正式加入WTO。過程中最引入注目的就是中華電信工會2000年左右的抗爭事件。中華電信是第一家採取私有化的國營企業,當時是台灣最大的電信公司,亞洲第五大,世界排行第十五。自從中華電信私有化後,國營企業私有化就幾乎沒有遭遇任何阻礙了,遑論之後台星❹、台紐❺自由貿易協定,美國牛肉(健康考量多於自由貿易協定)之後也無任何阻礙。台灣政府並非今日才不顧保護人民財產的義務,在更早之前,台灣其實已經讓國際資本予取予求了。如果真如馬江政府宣稱的自由貿易協定這麼管用,為何參加WTO後經濟不見好轉?台星台紐貿易協定之後,台灣又哪裡獲利了?

中國因素當然是此次反服貿運動會有這麼大動員力量的重要原因,反對黑箱作業的公民仍屬多數,如關廠工人團體反對自由貿易協定則是少數。三一八學潮運動並非僅是反對與中國的服務貿易協定而已,也是冷戰結構的歷史殘留,美國重回亞太地區戰略布局,與新自由主義與區域經濟強權侵蝕台灣社會所造成的十年來不公不義的徵收開發等等的複合症狀,中國只是病徵之一。因此,我們不要將此次學潮與公民行動當成是病徵

❹ 台灣與新加坡於2013年11月7日簽署「新加坡與臺灣、澎湖、金門及馬祖個別關稅領域經濟夥伴協定」,簡稱ASTEP,於2014年4月19日生效。

❺「紐西蘭與臺澎金馬個別關稅領域經濟合作協定」,簡稱ANZTEC,於2013年10月29日通過生效。

的反應而已，如此巨大的社會力量就只能像發了疹子一樣，應該是要創造，創造去理解新自由主義在台灣制度安排詭計之機會，創造堅決反對自由貿易協定（而非自由貿易）的基礎，創造台灣的發展乃在確保國土而非僅只是國界上防線，創造市民更關心都更條例、農地再生條例、稅制不公、醫療教育文化住宅私有化危機等等的契機。因為我們既不願意餓死，也不願意活在百般無聊不公不義由資本操控的世界。自由貿易協定不會讓世界更好，只是肥貓全拿（Fats take all）的遊戲。

——原刊於《今藝術》2014年四月號，寫於2014年三月二十四日凌晨，北上支援學生遭受行政院警察暴力對待的夜行車上。

# 我們一起愛（或恨）大黃鴨，
# 只是因為我們害怕羞恥

　　「流行根除了羞恥感，因為流行代表著大眾行為，同樣地，在參與大眾犯罪行為時責任感就消失了，而當個人單獨這樣做的時候他會感到畏懼。」這是以貨幣哲學成名的齊美爾（Georg Simmel）在1905年就寫下的經典文〈Fashion, Adornment and Style〉中的句子 。

　　對齊美爾來說，流行（fashion）是易變與持續變動的，是人們尋求同一和區異的風格形式。原始部落不會有流行，因為每個階層都有服膺秩序的服飾，集權社會也不會有，因為順從由上而下的命令，壓制個體性（individuality）的社會也不會有流行。同樣的，在個體性得以高度張揚的社會也不會有流行，例如歐洲的大城市或紐約，每個人樂於不一樣，你不會看到如台北東區妹或韓國首爾東大門附近的流行複製體成群出現。流行只產生於個人主體有機會既尋求關聯也保留差異行為的社會，將一致化傾向與個性差異化意欲相結合的形式。因之，流行是保有個體性的社會融合機制，憑藉不同的流行事物，個別群體

既可以建立它內部的一致性，也可與其他群體區異。當自我受到特別看重時，當一個個體受到某個社會圈子的注意，而此種注意的方式讓個體覺得不怎麼恰當時，羞恥感就隨即產生，因此有人會盡力與人穿一樣的衣服，化同樣的妝，做同樣的事，同樣的理由也會使人用各種方法引人注意，無論何者，實際上都在加強或淡化自我感顯現之間痛苦的搖擺。流行是羞恥感的鏡子。

高雄光榮碼頭裡的巨大的塑膠黃鴨，是台灣長期煩悶紛擾中出現的新鮮歡樂。一個人對著巨型塑膠黃鴨手舞足蹈是好笑的，但一群人則是歡樂流行的，一個人對著大黃鴨發表藝術高見是丟臉的，有人一起罵則是時尚的。在我的臉書上，日日都讓我感受黃鴨的魅力，一方是興高采烈在高雄光榮碼頭拍照，購買紀念品的擁擠群眾以及巨大塑膠黃鴨無福光臨的各個城市的山寨秀；一方面則是批評沒有品味的愚蠢從眾，巨大的PVC會製造污染，責怪黃鴨沒有藝術價值或群眾不懂其藝術價值，或稱之浪費公帑的城市作秀，或將其改成薑母鴨造型的「不屑」人們。

我在大阪見過這隻鴨子，在不算寬的河道上與兩岸的現代建築對比出的童趣，城市景觀與日常生活物件尺度變異造成新鮮感的確令我驚豔，我也可以想像在八月煙火節河道上的黃色巨鴨注視兩岸草地和服派對的違和樂趣。我也聽過這隻鴨子在香港得了禽流感而消氣的現實共感。

為何一種特定的形式會變成流行？不僅僅是透過某些個人的

突出創造又非每個人都能模仿的獨特表現來證實其品味，而且
也由於害怕違反和每個人都相似並且每個人都能接近的形式與
行為而自我懲罰的羞恥感。

　　黃鴨流行提供台灣合宜的引人注目事件，任何流行事物可
以免於個人在成為注意對象時所經驗到的不愉快。政治社會上
的分裂鬥爭已使得台灣人無論參與哪一方的群體都會經驗不愉
快，只有在黃鴨前，才有可能每個人都相似而且每個人都可以
接近。非常嘲諷地，黃鴨使得台灣社會各界和諧共處，因為台
灣社會不會有任何的對立像黃鴨的喜愛者與批評者的對抗如此
輕微了，黃鴨產生了形式同一的力量。我們一起愛或恨黃鴨，
只是我們想消滅羞恥。我們真誠地想要歡欣鼓舞，與鄰人同
樂，不論黨派，手拉手共享童稚的快樂，因為我們想要真誠地
思考辯論在台灣的現實政治下幾乎不可能了，從低薪資到服貿
議題，從都更到環境破壞，最終，我們只能花了遠大於黃鴨創
作者所能期望的喜愛，來消除我們的羞恥了。

　　左派更應該花力氣在大眾文化的鬥爭場域，拒絕高低文化區
分的假問題，而不是去批評民眾行為。要有能力分析「民眾因
為客體而起反應的結構」，而非又一次地解釋客體操弄主體，
消費主宰群眾的老觀點。巨大黃鴨之所以引台灣人關注，也許
僅是它是唯一不傷害情感、不會引起衝突的群眾運動而已。

——原刊於《今藝術》2013年十二月號。

# 包租婆之島

　　悼念文創產業只有產值，沒有文化的人士根本錯得離譜。首先，產業產值增加多少難說得準，政府大力投資卻未見其自吹自擂的報告可見端倪；其次，擔心產業沒有文化就好像擔心電動遊戲沒有文化一樣好笑，只是此文化邏輯與場域特徵不太如文化菁英們的設想而已，例如宅文化登不上檯面，也沒拿過文創產補助，但可能是台灣最有產值的文化了。

　　值得追問的，並不是文化與產業之間的矛盾，而是當我們從英國工黨手上將創意工業（creative industry）加油添醋變成不倫不類的文化創意產業（cultural creative industry）時，就應該知道後果也會大有不同。英國以投資核心新興產業、創新產品內容與行銷方式，以詳細統計提出產值總量與全球地理分布數據，讓保守黨信服工黨可以不用搞傳統產業累積的老路線而可以振興經濟發展。我們只是將原本的產業披上文化外套，讓政府與商人左右手來去互捧，將文化變成產業投資項目，要求文化事業要能自負盈虧繼而創造盈餘，所以投注在幾個標竿團體上。投資產業是創投與增值概念，由經濟部主導；而文化則需

長期累積與扶持，無法在短期內見效，才需文化部有策略地補助，這麼一般的道理，到了台灣，由於產業與文化的關係被弄擰了，搞得全島烏黑一片誰也說不清，文化部變成經濟部，經濟部變成文化部，將產業當文化投資大方，將文化當產業要求產值績效，一搞幾年下來，成效有限。來看一個簡單的數據，單就其電影而論，韓國境內的國片佔有率從1992年的20%進步到2004年的60%，出口成長了六十五倍。台灣國片近幾年看似翻了身，有各種補助獎勵加持，地方政府也推出「得來速」服務，但國片的市佔率始終只有11%而已，外銷出口少得可憐。

台灣文創產業與英國創意工業最大的差別是，後者以核心創意工業產品行銷世界，而台灣則以包租婆身分來展示、行銷他們的產品。台灣文創沒有核心創造力與產業生產能力，只有美妙彈性的空間出租政策，將原本創造產業文化的人趕跑了，然後由另一群人去收原本創造產業文化人的租金。

台灣是個迷人的包租婆，生意不分內外，產業不分東西。美術館成為國際策展公司的秀場，各地的駐村計畫成為國內外藝術家的臨時工作室，有意思的歷史街區成為文青咖啡店與手感創意的小佃房，驅趕眷村原住戶然後大賣眷村菜，拆毀無數眷村的同時推動眷村文化節，趕拍以眷村為背景的電影與電視劇。文創園區就是空間出租園區，花了大筆公共投資修繕的菸廠酒廠，拱手讓商業公司進駐管理，成為公司促銷商展、節慶舉辦的場所，當然還包含了大專院校學生辛苦籌錢的各種畢業展、設計展等等血汗展覽。除了空間區位分布不一外，場所內容是一樣的，咖啡店、文青商品店、餐廳、誠品、live house、

光點。

　到了華山酒廠，你不會知道在委由台灣文創公司經營之前，這由藝術家抗爭而獲取保留的空間，曾經一年有一千多場各種免費的、地下的文化展覽與演出，現在則是一棟棟高級出租倉庫，由於租金彈性補助策略，平均日租金四百坪從四‧五萬到十一萬。松山菸廠歷經多年爭吵，從巨蛋到森林公園，也許普立茲獎得主伊東豐雄（Toyo Ito）的建築和誠品的進駐安撫（或鎮壓）了市民聲音，但也只是另外一個房產商品，高級會展中心和風味倉庫的差別。

　文創產業園區是一個都市計畫的實踐，是產業投資和空間再生產的操作。在香港的M＋博物館區計畫，總面積達三十七萬五千米平方，由中國當代藝術收藏家烏利希克（Uli Sigg）捐贈一千四百六十三件作品總價高達十三億港幣作為核心價值，填海造地推動博物館群的發展；日本的新六本木丘強調的是藝術智慧城（Artelligent City），以觀光與娛樂和三座美術館／展場推動的造城計畫；最近甫開幕的上海西岸藝術雙年展實則是未來上海西岸文化走廊計畫的先鋒部隊，此計畫包括與美國夢工廠合資的動畫工作室與幾家新的美術館，有世界最大的室外美術館，以及大衛‧奇普菲爾德（David Chipperfield）設計的西岸美術館、印尼收藏家余德耀的余德耀美術館，以及龍美術館的第二場館等。這三者都以文創作為都市開發的工具，強調產業生產與競爭，在香港，以藏品投資發展藝術教育，日本則是娛樂工業結合觀光，上海則是藝術房地產（art real estate）的成熟運作範例。

現在已經沒有前衛藝術了，有的話，也只是資本主義的前衛部隊（Avant-guard of capitalism）。要搞文創產業園區就認真思考藝術房地產的操作，認真提出都市振興方案，而不要只是做個包租婆，還無恥倡言文化種種；要搞文化，就認真提出長期計畫以及文化價值的另類計算，否則，台灣終將沒有產業、沒有文化，只有書店排行榜架上的翻譯書籍，就像個包租婆炫耀自己有文化的具現。

——原刊於《今藝術》2013年十月號。

# 好文化就是好生意？

文化政策是修辭學，經濟也是。

台灣近年來的前景賭注全在「文化創意產業」上。在2010年，終於將幾年來的宣傳變成「文化創意產業發展法」，也將其內容簡化成對特定產業的減稅與補助規定。這不是什麼新鮮事，就好像台灣二十年來對高科技產業與科學園區進行稅金減免與補貼一樣，至今造就一群整天擔心又放「無薪假」的高科技新貴，與平均百分之二十閒置的科學園區土地，還有國科會一千兩百億的負債。面臨韓國、印度與中國的競爭，政府另謀出路的方式是創造另外一套貼補政策，想用文化生產事業的復興來彌補我們在晶圓代工與手機產值的流失。如果我們還相信這套補貼可以起什麼作用，才是新鮮事。

說穿了，這套辦法只是將台灣行之有年的文建會、國藝會，與各個地方政府文化局之補助方式產業化，讓現實裡擴大的貧富差距變成文化產業鏈的差距化而已。文化創意作為一種修辭，政府可以拿來掩蓋台灣嚴苛的經濟處境，廣泛的文化工作

者可以獲得政府的補助。在之前,台灣已每年挹注大筆人民稅金補助文化事業,大學紛紛設立文化行政、文化事業系或藝術與文化創意學系等,迎接從教育部、經濟部、文建會撥下的預算。這些投資還未清算其投資與產出的成果時,國發基金在2010年五月又通過的「加強投資文化創意產業實施方案」,其中編列新台幣一百億元,由文化部文創發展司主導,以成立信託專戶方式加強投資文化創意產業,採限制性招標,2011年六月,由十二家創投業者得標,這場繼「夢想家」一個晚上的表演燒掉三億公帑之外的豪賭,引起台灣社會譁然。

台灣政治大學傳播學者馮建三在一篇名為〈研究文化創意已經變成產業〉的文章中,指出一個荒謬的事實:根據「國家實驗研究院」的資料,行政院各機關(經濟部與國科會佔了將近93%)的文創研究經費,在2004年是二十七・七億,有四百七十二案。其後,金額略減,但最少也超過十五億,到了2010年,研究案首次破千(一〇一六),經費達二十六億八〇八萬。相形之下,十五種官定文創產業,有三種經濟產值不敵「研究」活動。「文化資產應用及展演設施」產值在2010年是十七・六億,「視覺傳達設計」十六・三億,「設計品牌時尚」一・八七億。

台灣的文化創意產業與台灣選舉語言如出一轍,只有意識形態的口號而沒有實質的內容。英國工黨布萊爾當初提出的「創意工業」(creative industries)乃是為了回應保守黨對於經濟政策的批評,將原有的工業分類包裝上「創意」,將產值精細計算(英國文化部在開始推動政策前幾年,會公開在網

路上發布一份創意產業地圖文件〔Creative Industries Mapping Document〕，裡面統計至每一張音樂專輯賣到哪一個國家，賣了多少張），這是第三條路政治的策略之一，用來證明工黨的「經濟成長」能力。飄洋過海到台灣後，就變成了「文化創意產業」（cultural creative industries），凡事都要用「文化」帶頭不知是華人特性還是台灣習慣，台灣還嫌英國十三種分類過於小氣，遂一舉擴增為十五類，還多了一類稱作「其他經中央主管機關指定之產業」，意味著看著辦，上意就是文化風向球。

然而文化畢竟與工業不同。文化正因為纖弱才需要補助的原因沒有消失，那什麼變化令人們看法相反了？是因為當代資本邏輯裡文化已成為「象徵資本」，所以有人願意付錢，成為有品味的「生活方式」，故有人願意提供服務？讓文化價值成為經濟價格，就是「文化就是好生意」鼓吹者所倡議的，如果以前不行，現在為何又可以了呢？是全球資本主義需要新的風格得以販賣，還是大眾文化的生產已經全面佔領了生活所有面向，包含心靈的、精神的，菁英與上層階級的，流行與底層階級的，以及我們能夠想像的有關文化一切面向與深度的事物？

如果文化需要補貼，正因其特殊，其生產不能單以經濟價格觀之，那麼希望創造產業就無疑大夢一場，如果文化有需求，有人願意買單，自然而然成為產業，何需補助？政策的說法，要將文化扶植成產業，需要投資，那麼也無能解釋一百億投資私人資本有何實際的文化效果？這些私人資本的豐收又由誰來分享？有更多連續劇、偶像、歌手、遊戲、電影是好事，沒有人反對娛樂事業，要為這些問題找答案也不難，只要反過來將

話倒過來說就行了：好生意就是好文化。

　　拆解這套修辭最好的方式是回到生產關係與生產事實。如誠品書店，這少數可以外銷的台灣經驗是觀光客與城市中產階級文青們的最愛，是約會場所兼觀光勝地，台北的敦南誠品店首創全球第一間二十四小時營業的書店。誠品在台灣實則是一個炒地皮租樓與買賣精品的企業，書店只是高雅的房產廣告，所以一直賠錢也無妨。事實上，台灣有了誠品之後，獨立書店愈來愈難經營，經銷商、連鎖書店的環扣體系讓作者與小型出版社苦不堪言。誠品的確讓市民忘了要求政府應該提供多一點像樣的、自由的、舒適的、免費借閱的圖書館，卻無能改變台灣出版業這十年來的衰敗。誠品的成功並沒有創造出一位世界級的台灣作家，只是創造了放著許多國外翻譯書本的高品質書架，讓上了排行榜的書可以停留在架上更久的推銷原則。誠品書店每月的銷售排行榜與其他連鎖書店與網路書店的差異不大，沒有多大品味上的差別，這證明了經濟事業需要文化風味，然而文化不一定都可以變成經濟事業。相反地，一定有些文化在產業化的過程中被消滅了或排除在外，這不是對當代文化概念所附含的多樣性之威脅？

　　如今香港政府要成立文化局了，誠品也進駐中環。台灣的「好生意」經驗對香港來說也許是一面提醒「好文化」該如何的鏡子。

——原刊於香港《信報》財經新聞，2012/10/12。原題〈誠品是好文化、好生意？〉

# 大開誰的眼界？
# 狂飆的八〇年代之後

　　真正影響當今台灣社會之文化認同與選擇的，不是八〇年代的台灣新電影，不是八〇年代作為亞洲流行音樂中心，也非八〇年代末開始的世界高科技加工基地，而是媒體市場化的後果。

## 後威權時代的媒體生態

　　台灣自1987年報禁解除後，正如其他威權時代的產物一樣，兩大報《中國時報》與《聯合報》開始失去它們壟斷的地位，雖然《自由時報》晚在1996年才開始加入競逐，但在報禁解除後的幾年中，台灣呈現了有史以來最令人稱羨的新聞專業與活力。《台灣立報》率先取得台灣民間辦報的首張執照，開始了台灣小型報的歷史；《自立早報》、《自立晚報》、一年餘生命的《首都早報》則將台灣媒體從一個侍從主義帶往民主倡議與評論時政的雛形。當時地底的政論刊物逐漸浮上檯面，解嚴

之前的《美麗島》、《南方》、《大學論壇》的自由民主風潮
被商業運作的《新新聞》所繼承；大學校園刊物積極參與社會
運動與民主議題，《宣統報》、《大學新聞》、《甜蜜蜜》、
《東海大度山》都成為一時之選，並從政治議題岔出藝術文學
的熱情；《人間》雜誌將紀錄文學變成社會批判的工具；有
線電視一口氣引進了近百台的頻道，從A片、電影頻道到音樂
台。繁花異葉的政治批評與商業信息成為餵養大眾民主與共識
的主要養分。這是「後蔣經國年代」，狂飆的八〇年代。

　　此一後威權時代的媒體生態，學運分子是其核心，主張開放
先行，異議即進步，帶領了台灣走向九〇年代的媒體高峰，大
開島國眼界。但誠如台灣工人運動前輩鄭村棋的看法：學運分
子是台灣資本階級的接班人。年輕作家、新政治人物、新聞記
者、藝術家、教員形成了台灣社會的「新階級」，取代了傳統
知識分子的角色，他們與各式媒體親近著，將自身妝彩成社會
意識與文化議題的導引者。九〇年代初地下電台、網際網路的
發達，若繼承八〇年代的豐沛能量，原本應可接枝上另類的人
民媒體想像，可惜，在渴望資訊的年代，我們認定媒體開放是
個機會，而不是惡魔的禮物，在沒什麼準備與警覺下，特別是
在政治改革已告階段性成功，社會運動的力量不再僅僅透過政
論性刊物傳達之後，新階級與資本家巧妙地收拾成果，將人民
真實的反抗變成異議的風格，快速地侵吞市場，且受益於戒嚴
的結果——政府等於公共、公家，等於國民黨等於集權，而市
場還有起碼的「公眾」意涵的正當性。當時，台灣社會鼓吹的
是「三台民營化」而非「公共化」。

## 媒體扮演更重要的角色

一直到了報禁解除的十一年後，公共電視台於1998年創設，才讓我們重新想起政府「左手」的義務與能力，可惜這左手廢了拳，失去了練武的政治環境。別說公共化了，連民營化也徹底失敗，執政之後的民進黨仍玩著之前的舊把戲，華視台視都是親信掌權，中視為國民黨所有，民視由親民進黨政府的資本家控制。解嚴了半天，政府政黨掌握四家無線電台、兩份報紙（《中央日報》與《台灣日報》），而有線電視、報紙都在資本家的手裡。

如今，台灣的媒體陷入一種自我生產的窘境：記者比新聞多。此種速度政治學產生的新聞專業是：SNG車的數量、獨家畫面、偷拍照片，記者天花般講稿，以應付重播再重播的二十四小時新聞畫面。

新聞娛樂化，娛樂新聞化，公共論述由現場政論性call in節目取代。法國知名的社會學家布赫迪厄（Pierre Bourdieu）❻口中喊出的「讓媒體成為民主公器，而非形象符號的壓迫手段」，恰好就是台灣媒體現狀相反的鏡射。

這一獨特的歷史，使得媒體在形塑文化認同上扮演了更重要的角色。一方面，傳統媒體已難取得社會共識，統獨之分在新聞事實之前；另一方面，卻積極滿足特定政治癖好使用者的需求，加強其信念。媒體已經變成我們進入社會與政治存有的裁判，除了媒體所存在的世界之外，沒有其他世界。在新聞運

❻ 法國社會學家（1930−2002），他的著作《區隔：品味判斷的社會批判》被國際社會學協會評定為二十世紀最重要的十部社會學著作之一。

作的機制下，學術評論與新聞風品無人問津，新的文化形式以掩飾並且指稱、強迫性獨家、戲劇性的要求、排行榜世界、收視率鬥爭，定位了我們參與世界與否的關鍵。媒體與新階級結合，直接跳過一般大眾，定義新聞與我們認同的世界。

我們最不樂見的合謀於焉產生，新聞工作者取代了社會學家與哲學家的角色，導致目前整個社會就好像一場脫口秀主持的全民開講，主持人用無聊白癡但卻深具權威的方式（謝謝您，對不起，您的時間只剩下五秒，聽眾可能聽不懂您的意思等等）掌控了主講者（那些私底相好表面對立，而且商妥了一套出席原則，以便在全台灣每天五、六個call in節目輪流演出）與觀眾（自以為民主參與與自主表達，其實結巴的時間比能講的話多得多）。而電視媒體就是這個社會的主持人。

## 一個只存在VIP的世界

自此，台灣一直要面對八〇年代遺留下來的兩個難題，其一是所謂的媒體改造，源於學術界或出身傳播專業但非在職場中人的善意教誨，其多囿於圈內改造而幾乎少談草根媒體的壯景，特別是從全球獨立媒體中心（indymedia. org）以降的行動—報導者（activist-reporter）的結合示範，或是部落格（blog）展現的機靈串連的影響力，這不僅是要求客觀、公平的新聞專業，更是要求「為人民說話」與「透明性」的專業。

其二是，公共性猥瑣在政府的褲襠裡，要找出一種消毒卻又

無害的手段甚難，台灣的公共電視財源全靠政府挹注，靠著靈活的董事會操盤，基金孳息與少數的自籌款維持，用的是老百姓的錢，卻要卑躬屈膝地討好立委。無論如何，再公共化的關鍵在於新階級們，那些藝術家、作家、知識分子和記者與傳播工具壟斷佔有者之間的關係，我們應使積極從事公開研究的最普遍成果成為可能，這是「媒體識讀」的重要；另一方面，也盡可能讓不同的人進入圈子的實際條件普遍化，這是重申媒體公共權，也就是每個人接近媒體的權利。歷經二十年，主流商業媒體的成功也決定新一代選擇的志業。台灣傳播學院的畢業生，畢業後最想進入的媒體是TVBS、東森、年代，或《天下雜誌》，東森甚至出高額獎學金給大學裡頭傳播學院的學生，用高價值的建教合作來換取新生代的優秀分子作為其產業後備軍，這是新一代文化代理人的選擇，而這些代理人的老師是當初的媒體改造先鋒，或是學運出身的教員，這都是在特殊年代缺乏公共媒體視野的結果。這常讓我想到，在台灣公共電視成立的前一年，墨西哥反抗軍查巴司特（Zapatista）的副總司令馬可仕（Marcos）在1997年一場稱為「媒體與民主」會議的錄影帶中，他的激昂聲明影響了反全球化運動最重要的獨立媒體創辦者。他說：「當代新聞的世界是一個只存在VIP的世界，只有非常重要的人，他們的日常生活才是重要的，結婚、離婚或吃飯時，可能穿什麼衣服和脫下什麼？這些都是電影明星和政治人物。但市井小民出現在新聞的時候，要嘛就是他們殺了人，要嘛就是當他們死了。」而現在，情況一點也沒改變，除了在八〇年代我們曾經看過一絲絲火花之外，也許還變得更糟。

公共化媒體不等於民營，而媒體環境也不能單靠媒體企業

自省，或以新血取代、防止公務員化而有救，甚至也不是關機運動。八〇年代若真的有些美好的回憶，那是當我們第一次聽到、看到島國之外的人如何關注世界的方式，如何表達自己，我們聽到美麗的聲音，看到動容的電影，知道我們與世界的關係。大開眼界給了我們無窮的選擇。我們現在更應該問一個總是忘了的問題：到底媒體是大開了誰的眼界？在看似無窮的選擇下，我們需要哪一種可以接近的選擇？

——原文發表於「新媒體與社會變革—國際研討會及工作坊」（New Media and Social Transformation: International Conference and Workshop），香港嶺南大學文化研究所。改寫成簡短版本刊於香港《明報》，2005/06/09。

# 總編手記：
# 大方踩過《破報》吧！

　　《破報》是後學運與後冷戰之「歷史意識」的產物，這個時刻，結束剛好。歷史上的青年運動後都會產生自己的媒體，在1990年三月學運之後，古怪邊緣的人聚集到Lucie❼身邊，《破報》誕生，生產我們看到以及我們欲望的世界；1999年西雅圖的反WTO運動，為了要抗衡主流媒體與新自由主義的全球化宣傳，產生了全球獨立媒體中心（independent media center），透過RSS技術串連了全球一百二十幾個城市的報導行動者（reporter-activist）產製的新聞；三一八學潮，黑客行動者（hacktivist）g0v組織用高超的網路技術提供了運動龐大資訊交通與即時傳播。青年不是透過媒體讓世人認識，而是做自己的媒體，再現自己，從中認識自己，獲取對自己認同。We harvest ourself！

　　然而，媒體不僅只是歷史意識的產物，也是物質條件的產物。Lucie去世四年，世新大學董事會換血，世新面臨少子化衝擊與學費調漲政策未過，從今年二月底董事會議後即由社方

❼ 即《破週報》創辦人成露茜。

告知我們三月底結束（未正式公告），時間匆促到幾乎無能好好處理廣告客戶與訂戶合約，即將邁向二十歲的《破報》被宣告結束。《破報》前幾年尚能勉強的收支平衡，大環境每況愈下使得《破報》這學年估計虧損兩百餘萬左右，這虧損是否是校方董事會決定的原因，我無從得知，僅由社長單方面告知結果。我想起Lucie跟我說的故事，老校長成舍我在內戰後遷至香港，蔣中正與周恩來分別遣人遊說，成舍我先生表達了誰讓我辦報我就去哪，最後被蔣中正騙來台灣後卻不准辦報，老校長為了日後辦報的人才培育，創立了世界新聞專科學校，在報禁解放的第二天，高齡九十幾的他就創了《台灣立報》。現在，世新升格為大學也法人化了，但是一個以傳播專業起家的學校，創辦人一輩子立志「我有話要說！」的理想卻不復矣，《破報》停刊，《立報》轉型成世新校園實習報。辦校是事業而新聞是志業，以事業取代志業，不僅是世新的決定，也是台灣大部分的高等教育法人化後的走向，主流媒體早已遍行的實踐原則。

　　主流媒體與獨立媒體只是形容詞，用以形容資本構成差異。歷經二十年，《破報》創造不同的產製流程與通路，這個意義上，《破報》是另翼的，不僅在於報導關注青年次文化、藝術表現和社會參與，也因《破報》開啟了新的敘事與新的媒介方式，常有人問我《破報》的編輯原則是什麼？我的回答從沒變過：同仁愈想說什麼，《破報》就會變成他們所想說的，編輯部的最高原則就是讓欲望得以實現的生產機制，每個人都可以對內容、廣告客戶、發行政策發言。我們走過反反毒，墮胎的一百種態度，走過無數的音樂祭電影節，報導或參與多項社會

運動，採訪過上千位國內外精采的思想人物，誘惑夢想力量的人物，失敗者與棄業青年的生存努力。揭露從性別、種族、物種、階級觀點出發的不同諸眾聲音，報導文化複雜的政治結構與鬥爭意識，我們的目的是消滅我們存在的現況，猶如每個解放理論都有自爆裝置一樣。

《破報》收容所有畸形孤單彆扭社會不適之人，他們或因痙癒或因成長或因疲憊而離開，每一個從《破報》出去的夥伴都是社會保守力量的敵人，《破報》雖無能完全消滅我們存在的現況，卻也留下無數革命引線。

最後一次做總編的工作，看著夥伴們一篇篇的文字，想著，謀殺變節最好的方式，就是在天真變成熟，衝動變安穩，燥火變餘溫，另類變流行，運動變政治正確之前，自殺或被殺。老實說，悲傷之餘，我用了二十年的青春陪伴了許多人的成長是件溫暖的事，謝謝Lucie，所有曾一起工作的夥伴，讀者，我們的生命交織在有意義的歷史時刻中延續了二十年之久。

這是《破報》停刊號，期待志業有一天可以復生。《破報》的網站以及臉書粉絲頁會繼續經營，直到我們無話可說為止。當後學運的文化戛然終止，新一代的聲音會找到自己的媒介，那就大方踩過《破報》吧，不要讓任何凝固的歷史變成阻礙你們前進的石頭，正如《破報》對九〇年代的文化媒體政治革過的命一樣。

——原刊於《破週報》停刊號，復刊804期。2014年三月底。

# 如果曾有噪音的話，也離反抗甚遠

　　台灣的噪音是文化的剩餘，開始於富裕青年世代的開始，結束於富裕世代的完成。

　　談論台灣的噪音史，多半從1994年前後那些充滿實驗、反叛、政治衝撞、小空間的聚集與節慶開始，這是後學運世代。意即，學運分子開始登上政治的天梯，而學運的「剩餘分子」則在文化與媒體大展光芒，足以標記時代的音樂節慶、另類媒體、電影節、戶外電音舞會、裝置藝術、替代空間皆於此時產生。台灣文化論述總是將這些（後）學運世代想成青年自主批判世代的證明，其論點不是過於幼稚就是過於權謀，幼稚論者將青年創造時代（如同搖滾改變世界）童話般的天啟主體，新一代獨立於歷史條件的天才心靈視為時代精神的特徵；權謀論者則想藉批判學運光環來破壞時代權杖之轉移，壓制後浪的取代力量。文化上的豐腴展現以大學社團與大學周遭的空間為基礎，在學運時代那些被連結的關係中生出奇花異朵，學院裡的需要學院外的認可，菁英需要俗文化，反之亦然。

　　學運世代，實為資產階級的接班人，1990年是台灣經濟成長
的高峰，有史以來的富裕使得這一代的年輕人口袋開始有錢買
雜誌與唱盤，是台灣史上第一代無須擔心溫飽與工作的世代。
經濟富裕與政治逐漸開放保證了文化豐腴，有人搖滾、有人小
劇場，有人女性影展，有人開始做創意廣告。這些秀異競爭的
浪頭裡，也有人開始搞點他們不甚清楚的東西，在美學品質與
政治正確都不對盤的事情──噪音，提供了台灣在解嚴後政治
社會需要刺激的空間革命與聲音革命。噪音實為文化豐腴的剩
餘，恰恰保證了文化豐腴的本身。

　　賈克・阿達利（Jacques Attali）的著名之作《噪音：音樂
的政治經濟學》（*Bruits : Essai sur l'economie politique de la
musique*），以噪音被社會接受的進程來作為「被排斥」樂種晉
升的過程。這不能說不對，卻沒辦法解釋「噪音」作為一個文
化自主的領域之所以誕生的原因，況且台灣與西方世界的音樂
史發展差別甚大。

1994年，「零與聲解放組織」在破爛節的表演（《破週報》提供）。

布赫迪厄（Pierre Bourdieu）的說法更能揭示這個文化領域的生產，他在《藝術的法則》（*The Rule of Art*）裡寫道：「藝術家和作家以及更普遍的知識分子，是統治階級中一部分被統治的人。」這些統治階級裡被統治的人必須透過拒斥已有的雙重結構方能取得自主性（autonomy）。在台灣，噪音反對為商業資本服務的搖滾流行音樂，也反對為了社會議題或人民幸福而生產的民謠或抗議歌曲。噪音在結構中爭取到一個非常特定的生產位置，其表演性（performativity）開啟了多元的、後現代需要的文化，以及（市場的）養分與刺激。約莫在2000年前後，當噪音變成褻瀆節目（profane schedule）之必要（例如晚期的濁水溪公社），噪音就結束了。文化的剩餘（surplus）變成再生產的資本，無耗費，即無噪音。

九〇年代關於噪音論述曾面對的政治與美學討論都被擱置，現在只剩下被「挪用」來指涉政治正確與否的名詞了。例如最近台灣出版了一本陽光時務籌劃的《愛上噪音》，書裡中港台三地的樂團與樂手只要具有社會意識，歌詞上具有批判意識，就算是噪音了（無怪乎此書完全不能處理沒有歌詞的音樂）。用真誠（authenticity）來討論搖滾與社會關係，來論述噪音，大抵就是埋葬噪音最壞的美學葬禮了。按此政治光譜，小清新、小確幸、憤青文青都愛噪音，誰不愛呢？

搖滾樂文化的真誠，強調自由、個人、獨立的特性，正是新自由主義最需要的倫理價值，如深愛搖滾樂的美國文化研究學者葛羅斯堡（Lawrence Grossberg）痛苦地指出的那樣。因為只有這樣，我們才能解釋為何美國聽搖滾樂長大的一群孩子在八

〇年代選出了雷根與老布希？也才能理解為何資本主義與唱片
工業愈發達之地，抗議之聲就愈容易生產、被聽到，愈容易成
為全球偶像？噪音某種程度逃脫了這種論述框架，卻又被台灣
某些文化評論者去勢，收在乾乾淨淨富有正義感的盒裝音樂裡
準備上架。

　　台灣噪音藝術的開創者林其蔚說得好，沒有新的就沒有舊
的。他沒估計到的是，當初的受事者變成今天的敗事者。噪音
終究培養出自己的最弱掘墓人，不但挖出的屍體腐臭不堪，還
一次次賣上了市場，代表（霸佔）了台灣光輝年代的紀事。

——原刊於《藝術界》，中國北京，2012年九月號，台灣聲音實踐專欄
的總導言。

# 豪宅燈火，庶民無望

　　元宵，在孩提時光，我們總提著幽微燈籠經過那些彎彎曲曲
的巷弄，逐一認識街道的祕密與氣味，追逐友人的步履踏遍社
區白日隱匿、黑夜明亮的寶藏。

　　現代性主要的特徵之一就是制度化所有常民生活的節慶，
而偉大城市之現代性的主要特徵則是：將常民的禮俗變成無人
可參與的集體慶典，由上而下的舉辦，讓公辦節慶取代公共底
層生活，使之成為一個與個人與社區無關，而與展示文化與公
關技術有關的文化操作。此種操作經常用來獲取城市榮耀與國
族文明，並透過複雜的官僚與委託辦理分包技術，專業技術
與媒體化了的活動策劃，將每個人手中的燈籠沒收，使他們
全擠向安排好了的巨觀風景（spectacle）。更簡單地說，抽離
（uproots）就是現代性節慶的特色，也因為抽離，政治與資本
的力量才能駕馭民俗，使之成為可利用的文化資本。

　　今日元宵，我們已難見社區巷弄中幽微的燈光了。都市中彎
曲的巷弄全被都更換成矩陣，社區一個個被豪宅瓦解，這些豪

宅總是背對著街道，在私有的「公共設施」中滿足一切「公共生活」之所需。街道生活死亡，都市中產階級需要的是綠地、購物中心還有節慶。

人們擠向巨觀的燈節，製造集中的垃圾與浪費，製造集中卻無人參與的集體生活。我們認識社區生活的方式被集中的燈會取代。每年由台北市民政局耗資千萬（2011年總預算一千萬，民政局出資五百萬），繁華美麗，由高額資金堆疊出的燦爛耀眼似乎讓作為消費者與觀光客的市民非常滿足。那只高達二十一米的貝比兔似乎嘲笑著作為消費者的市民：策展人藝術家使他們失去手中的燈籠，市府燈節使他們失去傳統節日，而都更與花博還使他們失去了城市中的話語權，甚至家園。

台北市政府文化局旗下的台北文化基金會提出的「2011年台北燈節公共藝術展」之「萬家燈火，庶民點燈」口號，正是徵症式閱讀❽的好訓練。萬家在哪裡？就是文化基金會轄下的當代藝術館、國際藝術村、寶藏巖、西門紅樓、電影主題公園以及友好單位南村落、芝山文化生態園區以及中山北路巷內設計公司聯合舞台秀，在這些繁華的地段錦上添花。庶民是誰？當代館的石瑞仁、林羽婕與國際藝術村的蘇瑤華擔任策展人，與統籌單位共同負責取悅市民。總策劃人邱正生說要讓台北市九大區域有機會「遍地開花」與「社區參與」，恢復我們兒提時代的美景。

邱正生先生沒說的是，為何我們兒提時代的美景不見了呢？遍地開花是為誰呢？哪個社區又有真正的參與？隱藏在這股美

❽ 這是阿圖塞在《讀資本論》一書中對馬克思《資本論》的重新閱讀提出的說法，「徵候」（symdrome）借自精神分析學家佛洛依德與拉岡的術語，強調在事物的可見性與不可見性——即那些空白沉默之處聯結起來理解，以挖掘隱藏在文本間未被人注意到的問題意識（problematic）的症候，掌握文本空白沉默之處，未被書寫之處，才是我們進行批判閱讀之要義。

意之後的，又怎會全是台北基金會所轄的自己人？我並不覺得由藝術家來展示創意和傳統節慶有何不可，要作為「世界設計節」的暖身也無妨，這種一把抓的操作也是近來我們熟習的台北文化基金會的慣性了，只是，我們當今缺少的難道是藝術家或者節慶嗎？還是缺乏對於「社區」話語意涵的理解？

我們兒提時代的美景，不正是由我們生活在城市中的滿足所保證的嗎？不是由親手提一盞燈籠穿梭在彎曲巷弄、認識生活了幾十年的社區而無須失去家園的自由所宣示的嗎？台北市政府近年來哪一項公共政策保證、宣示過這樣的美景呢？他們只保證將城市作為發展機器，用假綠地圖利財團，市長驕傲地以CEO自稱，趕出窮人，邀請富人，終日無限的都市更新毀壞吾人家園，並以專業燈節或者藝術行政取代我們曾經不必特意參與的權利。今日城市所見，難道不是「豪宅燈火，庶民無望」嗎？

市民奉上了稅收，卻失去了權利。貝比兔主燈與華光社區那場火災是孿生子。一場光鮮的燈節加上一個展露善意的公共藝術行動，恰好正是催生華光社區那場火災與未來都市更新成金融中心之統治技術的表徵。創造性的破壞莫過於此，更有甚者，是藝術圈屈服於經濟資本而唯唯諾諾，成為文化資本操弄的其中一枚棋子。

——原刊於《今藝術》2011年三月號。

# 雙城合謀記

台灣南北兩大城市政黨傾向上的差異終於殊途同歸了。濁水溪喪失了分隔意義。奪取式積累（Accumulation By Dispossession）❾成為南北共識，其號角可以是「現代」、「公眾利益」、「都市再生」；也是「停車場」、「休憩空間」。資本主義為了解決自身停滯，透過大衛‧哈維（David Harvey）所謂的空間修補（spatial fix）來達成。

台北市的都市更新實是資本再生產之方案。建築營造一直是支撐台灣經濟GDP的主要產業，在資本停滯通膨之際，最好的方式是完成馬克思（Karl Marx）的「原始積累❿」後，將房屋、土地、私有財產制（以及連帶的家園與地方感）視為「生產資料」，透過都更計畫變更轉化成商品。此為奪取式積累的最快方案（也是帝國主義對殖民地最常使用的方法），是資本存活與擴張的必要條件。

由之，士林王家的爭議當然不是建商於報紙廣編上反覆重申的「公眾利益」，而是「利益增長」由誰獲得，如何分配。按照「台北市政府府都新字第09830575300號核定版權利變換計畫

❾「奪取式積累」（Accumulation By Dispossession）乃由馬克思主義地理學者大衛‧哈維所提出，意指資本家透過權力掠奪原本屬於共有的，如土地、公共財、勞動力、天然資源、智慧財產權、社會衛生福利甚至社會文化都予以私有化、商品化、金融化，把任何事物都納入交易體系當中，操弄金融危機與債務，形成國家內部與國家之間的資產（和權力）的重分配，財富累積在少數人身上。

❿馬克思所謂的資本原始積累，是指新興資產階級利用暴力手段，迫使小生產者與生產資料相分離，把生產資料和財富集中到自己手中並轉化為資本的過程。例如十五世紀歐洲的圈地運動，大量農民失去耕種土地，淪為一無所有的無產者。

書」的內容，士林王家的更新案，土地更新後價值約十九億，地主實際分配權利價值為八億多（扣掉王家共有三十六戶），本案執行者樂揚建設審定成本約八億，管理費兩億（姑且認定是誠實估計），樂揚建設約可獲利五億六千多萬。樂揚自可從銀行貸款，預售屋也有現金挹注，建商穩賺不賠是都更的通則。乍看之下，參與都更者的房子變得更新更有價值了，但如果他們不賣而是自住，除了多繳土地與房屋稅外沒有額外的利益，沒有交換價值，其他市民的處境則是被更高的房價逼出市外。即使門外漢都知道，更新之後超賣的權利價值不全因建商的「投資」，而是區位、捷運與公共建設和全民生活網絡所致，還有政府保證的法律程序與銀行融資。如果此高明的借貸遊戲可以讓建商獲利五億多，家家翻新增值，那王家有何理由拒絕？除非，王家並不將自己的房子視為商品，他們看穿這是造福建商、無利於真正住在此地居民的投機遊戲，是政府做莊，百姓買單，建商一贏的棋局。

濁水溪以南的高雄，版本變得有點滑稽。努力從工業廢氣突圍、用盡LED燈裝飾全身的城市，經過幾年的重劃或城市美化運動，仍然無法帶動整體房市。沒有台北充裕的資金，以及各種藝企合作案的資源來增加房產價值與容積炒作，房產只能靠北部的投資客與陸資。世運那年，政府拆了年產值約兩億的五金街，說為了迎合世運到來需要公園綠地，現今空曠的公園綠地不見休憩人群，亦不見起飛的房產投資。左營眷村的許多房舍以及眷村中的創世紀詩社，鹽埕的大舞台、自由之家等二戰前後的建物一棟棟拆毀，卻不一定能翻新重建。活生生的文化消逝，反觀生產主義的文化機器，則是衛武營的國家藝術文化中心積極籌備，大東文化園區熱烈開幕。最近，高雄市政府

工務局又公告了「鼓山廣三開闢工程」，預計拆毀的區塊將提供周邊地區的休憩空間。休憩空間？高雄是台灣舉債最多的直轄市，失業率最高、生育率最低，唯一值得驕傲的就是休憩空間最充裕。此案包含了至少十二棟躲過二戰期間美軍轟炸的六〇、七〇年的建物將全數拆除，從大正時期風格到戰後第一代的民居、商家與街鋪都有。說滑稽，是因為以抗拒台北價值自稱（無論是政黨傾向還是地域情感）的城市，卻模仿台北建設自己。幾乎現在就可確定會重蹈之前五金街公園開闢後預期落空的覆轍。這非新自由主義的失敗，只是顯示了區域間財富的移轉加速，將使高雄愈來愈糟。

北市的奪取式積累，將城市作為企業體經營，歡迎買得起股份的市民進駐，買不起股份的市民請外縣市自謀生活，目標是提供企業最好的投資環境與房產交換價值，換言之，資產階級才是都市政權；而高雄則被不均衡地理發展所綑綁，雖強烈想要脫離中央（台北）在戰後所指派的空間生產角色，規劃與文化專業卻苦無方法，除了抄襲（想學「台北好好看」與陳菊的「幸福城市」的相同）和複製展覽（台北出了名的展覽或表演可以原封不動移植到高雄）外，只能遵循奪取式積累的策略，鬧劇一場終究翻不了身。高雄與台北成了互相怨懟的愛人。

這就是新自由主義在全球城市推出的資產階級復辟劇碼，中心城市變成超級城市，二縣城市鄉鎮化，邊緣地區從地球消失。這齣戲，我們正在其中，若不是無產階級，就是逐漸變成無產階級中。

——原刊於《今藝術》2012年四月號。

# 變電箱上的垃圾

這張照片讓我
想到兩件事,第一
與花博有關,因為
台北市正在進行花
博,很多的地方會
看得到垂直式花
牆,變電箱也都塗
上很多新的假綠
樹;第二個與台北的環保政策有關,照片攝於師大夜市,畫面
上剛好符合上海世博台北館的主題「垃圾不落地」,意思是我
們應該把垃圾放在(變電箱)上面就好,不要弄得地上都是。

世界博覽會從一開始就是帝國的象徵,是帝國全球資本主
義濫觴之證明與其軌跡的紀錄。到了現在也是,不管是二戰及
冷戰時期高唱的和平主題,還是二十一世紀強調的環保教育展
示。第一屆世界博覽會(或稱萬國博覽會)在1851年舉行,是
英國維多利亞女王的丈夫——亞伯特親王,為了要展示英國國

力所辦的。1847年，英國「強迫」開通了上海港埠，1851年就辦了世界博覽會，要向全世界人展現英國工業成就的奇觀，英國人稱為「偉大的展覽」（Great Exhibition），1849年時就召開博覽會籌備會，由英國皇家藝術學院主導，會議中決定了以原料、機械、工業製品和雕塑為主題。

僅僅以非洲為例，1795年起英國已經「入侵」南非兩次，其佔領權利於1814年獲得維也納會議承認，也就是在第一屆世博會的兩年後。1853年英國已經佔領了南非大部分的土地，英國人自定了土地法，將南非百分之九十的土地留給白人，百分之十給黑人，而黑人開始由非洲輸出到歐洲，成為歐洲大部分人家庭裡頭的家僕跟工人。奴隸跟世界文明的展示是同時開始的，隨著西方文明的進程，有奴隸役之所在就是西方文明之所在。

第一階段的帝國主義，英國跟法國是主角。1830年左右開始，西非跟北非大部分都成為了英國的殖民地。非洲大陸有多達二十幾個國家曾受英國統治，十九個國家曾加入大英國協。換言之，世博會是帝國掠奪成就的展示場，其所顯現的恰好是城市文明的野蠻。法國也不遑多讓，西非、北非（從1830年到1905年逐漸完成統治）、赤道非洲等有許多國家陸續成為法國的殖民地。這兩個國家包辦了前四屆世博會，第一屆英國、第二屆法國、第三屆英國、第四屆法國，好像接力賽般彼此較勁，展示各自在非洲掠奪的成果。

第一次世界博覽會同時也是第一次建築技術展，那時的鋼

鐵結構已經可以彎曲開展，玻璃可以大量形塑，商品化展示的模型被確立。當時興起的「玻璃帷幕」與鋼鐵結構的廠房設計師多半是工廠老闆而非建築師，為了防火與採光；第一屆英國水晶宮則是由園藝師所設計的。1855年第二屆世博在法國巴黎舉辦，全世界第一個購物中心（shopping mall）原型——拱廊街出現，鋼鐵與玻璃的應用技術開創了商品展示的新形式，博覽會既是「工業」展示，亦是「帝國」展示。博覽會是十九世紀大眾與現代商品世界最初相遇的場所，一如班雅明（Walter Benjamin）所評論的「商品拜物教神廟」❶，後續由百貨公司展售櫥窗擴張。直到1930年，萬國博覽會已成為巨大廣告展示場、大企業形象戰略的一環。班雅明在《巴黎，十九世紀的首都》一書中寫道：「萬國博覽會將商品的交換價值神聖化。在它們創造的結構中，商品的使用價值倒退至幕後。博覽會打造了不斷擴大的幻象，讓人們在此只圖享樂。娛樂工業將人提升到商品的層次，享樂成為輕快的事情。人們享受著對自己的異化與對他人的異化，並陷溺在自己的娛樂工業之中。」

1862年英國舉辦了第三屆，1889年法國辦了第四屆，艾菲爾鐵塔誕生。這鐵塔用了七千噸鋼鐵，一萬兩千個金屬零件，兩百五十萬個鉚釘，當時人類開始夢想有一天會搭熱氣球旅行，而艾菲爾鐵塔就是熱氣球飛行的停靠站，因為夢想沒有被實現，所以也沒有真正的開張。也因為它從來沒有開張過，所以可以變成法國巴黎的象徵。這就是羅蘭‧巴特（Roland Barthes）口中「無用之用」，一個缺乏符旨的符徵可以是所有的符旨。

❶ 在私有制社會中，人與人的社會關係被物與物的關係所取代，商品變成具有神祕的屬性，似乎具有商品決定商品者命運的神祕力量，馬克思將這種神祕性比喻成「商品拜物教」，而班雅明則進一步將十九世紀世上首次出現的玻璃拱廊購物街，比喻成「商品拜物教神廟」。

第一波帝國主義消退之後，讓位給第二波帝國主義：美國與日本。如包含了註冊類與認可類的世博，英國共舉辦了三次，法國七次，美國十一次，日本四次，比例與國家之軍事與經濟影響世界的程度相當，不是帝國主義的國家當然不可能舉辦。薩伊德（Edward Said）以《東方主義》和《文化帝國主義》對這兩波帝國主義進行了無可跨越之犀利分析，電影如《阿凡達》（Avatar）與《危機倒數》（The Hurt Locker）裡猶清晰可見。前者又一次證明了薩伊德分析康拉德著名小說《黑暗之心》那種白人殖民主義的道德與文明啟發者角色並未消散，而且這次進步到地球之外了，侵略者總變成拯救者，有良心反省力的也總是白人（無論對不同族群還是外星物種），「非洲人進不了歷史」猶如阿凡達無法拯救自己一般。後者則猶如荒謬的軍國主義高唱的和平之歌，那些好男兒冒著生命危險拆除「恐怖主義」的炸彈，讓我們忘了質問這些好男兒為了什麼參加戰爭？又在戰爭中做了什麼？他們為何要為了自己國家侵略他國時冒著生命的危險做「保全」的工作？好萊塢工業從自己頒發的金像獎的倒影中，看到了自身的美妙卻忘了帶給別人的傷害，這不正是世博會在其開始的歷史中所展示的那樣？

帝國軸線終於反轉，距離1851年第一屆開辦的一百五十年後，上海舉辦了世博，同樣是非洲，中國進入的狀況跟英國法國大不同，軍事是個過時武力，文化與經濟才是真槍炮。中國是用交易的方式，例如自2002年來，阿爾及利亞所有可以見到的大型工地，全都高揚著中國營建公司的漢字。《北非諜影》（Casablanca）裡面民族主義與愛情故事主角業已改變，成為中國與非洲戀愛的故事。2002到2003年，中國跟非洲兩國的經濟

交易有73%的成長率，阿爾及利亞50%以上的消費品是源自中國，交換珍貴黑色大陸的資源：石油、天然氣、金屬、鈾礦、木材、漁業。這是帝國資本主義高峰的替換嗎？如果我們把世博當成帝國主義的認證的話，2008年的奧運是中國改革開放三十年的成果展示，那麼2010年的世博則是中國帝國的崛起之象徵。

　　十九至二十世紀的歐美將萬國博覽會當作最重要的國家慶典的全盛期，亞洲地區則是日本首開先例。博覽會融合了帝國主義（帝國展示）、消費社會（商品展示）與大眾娛樂（見世物）三要素。日本曾經辦過四次世博會，宅男們記得的都是有愛知機器人的那次，但對我來說，日本辦最好的世界博覽會不在愛知，而是浦澤直樹的《二十世紀少年》這部漫畫。漫畫的背景是1970年，是日本第一次辦大阪國際博覽會，也是標誌戰後日本經濟與自信的崛起，在少年們幻想中的世界有要毀滅地球的邪惡組織、要把東京都破壞殆盡的巨大機器人，世界邁向滅亡，少年們把閒聊產生的故事寫了下來，開玩笑般地稱作「預言之書」。故事到了1997年，現實中香港回歸中國，漫畫裡的少年成長後發現小時候的幻想全部成真，有巨型的機器人出來破壞世界、毀滅日本與世界，朋友變仇人，經歷了很長時間的戰鬥之後，直到2017年，朋友黨瓦解，賢知一派拯救世界。

　　世博會中的國家館建築就是巨大機器人，由無數的勞力、血汗工廠、環境成本、貧富差距、不均衡地理發展所驅動。發達資本國家與帝國主義者希望有個強大的機器人可以代表自己，

而發展中國家與被殖民者總是無法忽視機器人的暴力與威脅。現實裡的預言之書正在全世界範圍裡展開，新自由主義將所有人事都商品化，全球貧富差距比已經回到二戰前，現實裡的賢知一派仍不見蹤跡。

——此為專業者都市改革組織於2010年五月五號於台北當代藝術中心舉辦的「花博論壇——台北大串燒」論壇中講稿，於2014年三月修改成文，原題〈花博與世博的另一面：偉大文明的野蠻展示〉。

# 找不到雨果的台北101，以及，已然寫就注定傾頹之石頭寓言

## 莫泊桑說

　　莫泊桑說：「在巴黎唯一看不到巴黎鐵塔的地方，就是在巴黎鐵塔上。」文豪在咖啡館的喟嘆並沒有持續成為惡夢。巴黎在現代化的過程中，除了豪斯曼（Hussmann）開闢香榭麗舍大道（為了阻隔巴黎公社革命善用的街壘戰並讓大軍容易開入鎮壓人民）以及重劃巴黎分區外，始終有著一股人文精神隔絕著現代主義建築的「向上提升」計畫，這也許是巴黎作為現代主義開端城市中唯一引以為傲之處。即便連柯比意想像中的十八座六十層樓高的摩天樓群「光輝城市」計畫也被巴黎所拒，唯一豎起的一座摩天樓蒙帕納斯，巴黎人卻嗤之以鼻，怪這煙囪般的龐然黑柱破壞了鄰近原來濃厚的文藝氣息。

## 羅蘭·巴特與艾菲爾鐵塔

巴黎最高的塔是個人類無用夢想的巨大成功。原本要作為飛行船停泊站的艾菲爾鐵塔記錄了人類夢想的唐突與多變，也展示人類夢想的終極功能：無用。建築遺留的巨大災難（這也是建築最常的因果）反而成就了最完美的，且是最恰如其分的使用。因為無用，羅蘭·巴特的〈艾菲爾鐵塔〉一文示範了此建築結構主義與唯心主義的精巧融合，從明信片到玩具紀念品，艾菲爾鐵塔就是巴黎，在巴黎代表巴黎，在世界旅者眼中代表巴黎，是城市的入族禮。在登高的過程，個人主體得以結構性的眼光與自己對城市的認知進行心靈疊圖。是進入城市也是離開城市，是眺望也是仰望。艾菲爾鐵塔是空的，使用意義與建築體都是空的，這是艾菲爾對巴黎的餽贈，一份存而不實的預言，成為世界城市史裡高層建築得以避免災難的奇蹟之一。


## 硬資本主義的最後光輝

英國社會學家齊格蒙特·包曼（Zygmunt Bauman）將資本主義分為軟硬兩種，硬資本主義在機器、土地建立起擴張的本質，以征服空間為手段，代表企業是福特；軟資本主義在網路、金融、流通同化世界，去除空間阻隔為目標，代表企業是微軟。

歷史會提出教訓但沒有學生。摩天樓在變成建築惡夢之前，歷經了許多教訓，交通問題、壅塞、氣候不良、耗能、不經

濟、地震、颱風、天災、人禍,科技烏托邦變成超級大鬼屋更是好萊塢喜好的題材。在第一世界紛紛放棄興建摩天樓的時候,第三世界的城市卻蜂擁爭取,倚重摩天樓來增加文化與象徵資產,藉此逃離浮現之巨大貧富差距以及基礎設施不良的窘境。一方面,硬資本主義到頭,唯一的方法是將水泥變成象徵,用圖騰增值,用建物形式爭取參與全球金融經濟的門票,旱地拔蔥,超英趕美,提高國民信心;另一方面,面對美國單邊主義的經濟脅迫以及全球公司化企業體制栽培的WTO等各種全球貿易組織與規則,第三世界需要一個可以增加城市雄風的威而鋼建築,歡迎必須抬頭仰望的外商、全球企業分部辦公室、全球銀行,以及本土成功企業的領頭羊,進行內部侵略的接軌舞台,更可以作為第一世界國際知名建築師放手一搏的實驗新天地,一如柯比意當年在印度所為一般,為後進者設計「進步」風格❶❷。從上海、台北、馬尼拉,一一開始玩起硬資本主義的老遊戲。爭取2008年奧運的北京可以將水泥地噴上綠油漆以增加綠覆面積比率,台北在經濟衰迷的過程中夢想以一具鋼骨水泥陽具爭世界第一。

然而,台北101是來不及的世界城市象徵,注定在招商滿額(專家預估在2005年年底,汰舊換新的需求可確保台北101的辦公室進駐率達70%)前變成老二,墮落中的圖騰救不了什麼。台北真正挺過的一次,是新光紡織廠關閉,新光三越大樓勃起,台灣產業完成轉型前迴光返照的歷史階段,建築房地產打敗傳統工業,並且在其自身快要傾頹時留下完美的墓碑。紡織轉型建築金融資本成功,是硬資本主義最後狂暴光輝,這是台北城的新光三越史,也是台灣產業升級的簡史。

❶❷ 建築現代主義者柯比意,在1922年為巴黎提出了「光輝城市」計畫,被當時的巴黎人無情否決,後來在印度卻有機會實踐了其中部分的都市計畫原形,如昌迪加爾(一譯香地葛〔Chandigarh〕)的城市規劃。

## 軟資本主義的硬插入

仰望未來，一如國族認同的尷尬焦慮，我們著急地將第三世界城市的象徵紋身，台北101刷新了城市建築高度紀錄，讓天際不成線。石頭產生的信心勝過紙上的律法，新光三越突破了博愛特區的禁令，台北101瓦解了九二一的恐懼，航空管制與都市設計被迫棄守，讓位給政府與金控股私有了的城市象徵，曼哈頓的想像壓過停車與壅塞的老問題。

台北101大樓總資金達五百八十億台幣，其中的三分之二是由政府和銀行融資，公司股東包括開發金控、國泰金控、中信金控和台灣證券交易所，這四者佔了三分之一股份。公私難分的投資在最好的狀況下，要十七年才能回本。資本獲利的估計取代了都市計畫精神中的「公善」（public good）的考量，國宅、教育、社會福利屈服於「使用者付費」的政治謊言，城市是資本投資報酬率的計算，不是使用價值的可居計算。新的城市文化象徵是將投資變成美好發展的神話，市民出了錢興建，還負責出錢消費負責回本，這兒的迪士尼是購物天堂，仰望與俯瞰是可提供的有價昂貴經驗，仰望給市民，俯瞰給資本家，中間的距離是資本差距，不是玻璃盒的觀光電梯或是豪華的巴洛克內部結構。

台北盆地破了格，仰望的地方沒有神祇。「公共建築」是歷史城市中的道德遺骸，妾身不明公私不分方是城市的新天啟，BOT是新天使，公私共媾是資本主義的新鬼差。高度，曾是現代主義之失敗城市的證據如今借屍還魂，烙印在第三世界城市

軟資本主義時代過時卻硬插入的證據，這兒還自豪地掏盡市民福利作為基礎建設落後的業報。

## 科技、道德與性高潮

建築與性在建築史與建築論述裡不是個新話題，摩天樓更是性愛的極致。除了具象的生殖器象徵外，從電影《金剛》開始，摩天樓作為愛情隱喻的攀爬天梯豐富了比喻的高度，說物種間的愛情不可能倒不如說是資本差距過大所造成的，《金玉盟》以及現代社會關係疏離版本的《西雅圖夜未眠》則浪漫化（或模糊化）了此種差距，更新了摩天樓愛情宣言的版本將之變成人人皆可享受的幻想，爾後愛情變得多餘，《麻雀變鳳凰》裡，最好的性發生在豪華旅館的頂閣樓。現下，最好的性就是科技，超級結構（megaframe）、次級雷達回波器，以及頂樓的神祕防震金斗球，中華電信的神經網絡號稱提供世界第一的服務，台北101是科技產物，耐得住強震颱風，且承受得起兩千五百年週期裡的最強烈地震——陽具似乎至此注定辛勞。

經濟專家說：擋得住強震颱風，擋不住產業低迷。紐約世貿的設計者山崎（Minoru Yamasaki；他實在不算幸運的知名建築師，六〇年代他所設計的住宅計畫Pruitt–Igoe被爆破拆毀，見證了美國都市更新計畫的破產）說要將紐約世貿獻給世界和平，因為要有和平，才能貿易，果然雙塔倒於美國不支持和平解決中東事務的政策下，而雙塔倒了之後引來更多恐怖主義，果然美國式單邊主義的貿易才有和平。台北101委託全球不動產服

務公司Cushman & Wakefield負責招商,也負責美國式的和平主義。台北101建築師王重平說,如果遭遇與九一一相同的事件,可以爭取更久的時間屹立不搖。與恐怖伴隨的愛情最美。

美學常常是霸道地去假裝是道德的,柯比意相信直線比曲線道德,台北市民相信鋼骨比土角厝道德,不進入、不夥同讚許驚豔台北101也是不道德的,無能參與城市的話題便找不到認同。開幕當天,台北城全是基進的同志與直同志,男女紛紛急著進入大陽具。總統、市長剪綵,紅毯上的女星急著說要刷爆卡。忘了陽具還沒整備,忘了剛受傷勞工死於鋼架倒塌的冤魂,沒有保險套就急著萬人高潮。我們以為高潮平等,其實高潮有價,所以會員只能101,媒體免費宣傳看人做SPA。

## 城市陽具與陰道

在Google打「台北101」搜尋,除了購物人潮的報導外,有許多名為台北101的色情貼圖網,最紅。台北101原來是新城市的色情貼圖,資本與政府手拉手自個兒在城市天際上中貼圖。很像色情網站上的橫幅廣告你們可以想像的垂直巨物。

於是我們又得重回陰陽比喻的魔咒,魔咒中鏡射了台北的哲學,台北空間生產背後的動力:陽的,摩天與摩登的,個人消費滿溢的,光明的,凸出的,堅挺壯碩的,固體的,私人資本的陽具。陰的,液體,地下道與排水溝,凹的,陰暗污濁的,集體消費缺乏的,城市建設的陰道。

　　什麼樣的城市要的是世界第一高度而非衛生，提供的是私人消費而非集體消費的基礎建設？什麼樣的城市要的是摩天樓而非公共住宅？台灣有全亞洲最高的大樓，但有全亞洲城市最汗顏的城市衛生下水道建設率。高度起碼還提醒了我們，台灣財富收入分成二十等份，最富階級與最貧階級差距也只有九十六倍，比起台北最高與最矮的房子還有餘裕空間，我們不用太早擔心，等到差距變成一百零一倍時再跳樓吧。阿扁修憲的土增稅減半，藍綠都沒意見的，建商歡喜，大家齊交換，沒人說不。這是一幅台灣同歡的base jumping極限運動表演，萬人高潮。

　　這兒找不到莫泊桑，也找不到雨果，雨果在這兒找不到鐘樓怪人，鐘樓怪人找不到愛斯梅拉達，聖母院在另外一座山上，白的對著烏黑的艾菲爾。羅蘭・巴特在這兒找不到無用的夢想，無用的夢想不成夢想，無法計算的夢想不成夢想。台北101在上海2007年前另一座最高陽具勃起前❸，提供市民成功就消費，失敗怪自己的全民歡樂。

　　法國的哲學家列斐伏爾（Henri Lefebvre）說得好，只有當我們覺得擁有土地、資源、自然，像一個人擁有另外一個人那樣不可思議的時候，社會空間的革命才有希望。在台北，唯一看得清台北101的地方就在我們城市的衛生下水道中，那裡有雨果的關懷，以及一則已然寫就注定傾頹之石頭寓言。

——原刊於《破週報》2003年復刊287期。

❸上海中心（本預計2007年建成為世界最高，但直至2014年才完成，在完成前就被杜拜的哈里發塔搶走了第一，完成於2010年。）

# 改變移動的事實性

對全球化最深刻的描述是「有權者移動、無權者就地囚禁」。移動（mobility）是資本與權力的空間部署計畫，其造成巨大的整併與差異效果，無論社會學家還是藝術家，投資客抑或商業管理策略大師，都一樣的熱切擁抱。

最近我自己策劃的兩個展覽亦不能例外地參與其中，也是我對移動性的另途思考。

## 其一：移動造成看似有差異鏡射關係

在台北與高雄展出之《雙城跨域展》，企圖審視台灣城鄉差距所造成的藝術生產差異。當代藝術大抵由兩個不同的力量所決定，一是論述／作品生產可見的位置，二是城市空間的地租價格。紐約很明顯的是前者的代表，而柏林則為後者的典範。藝術家要被看到，需要優質的媒體與健全的商業體系，卻也需要較大的空間與便宜的工作室。全球地理不均衡的分布也形成城市的藝術特性。

　　城鄉差距造成的不僅是人才高度集中某一區域，也是都市過程中受益者正面累積效果的正增強。南部有二十七個藝術設計相關科系，有優渥便宜的空間條件，卻沒有「舞台」，南部的學生若要成名，只能選擇到台北爭取機會，努力到台北看展、跟上潮流，更加強了此宰制過程。台北藝術學院成為各類獎項、國際展，藝術媒體潮流的主事者，制定了藝術成功的模組並且同時兼任製造商與評審：得獎，與畫廊簽約，駐村，參與國際展、大賣作品。而南方在追隨「主流」的認可外，則矛盾地藉由南北差距的理由作為贏得關注之正當性，強化並表現成南方精神的必要性（如李俊賢先生在台新獎上的看法）。台北作為台灣都市過程最後的豐收者，而高雄則吸收了都市過程代價（多以環境污染與政治意義上的形式）；台北作為藝術舞台，高雄作為培育中心，台北在中心造成榮耀的新自由主義的風格，高雄則民粹卻不甘示弱地向其模仿對象大聲抗議。

　　這裡，移動性先是差異的同化，而後成為看似具有差異的鏡射關係。於是，我認為南方以邊緣而基進的方式實踐與實驗尤為重要，你認同強者，就只能依著強者的形象攬鏡自審。藉由田野調查置換習慣的藝術生產模式，對比兩地的學術訓練與地方性生產，方是雙城展未被明說的隱喻。

## 其二：回到弱勢者的家

　　由2010年七月三日開始在高美館創作論壇展出的《望向彼方：亞洲新娘之歌──侯淑姿個展》則是對於跨國移動的回應。

在全球化流動所提供的不平等機會中，從母國、夫／家／國體制遠渡重洋的女人們在另一種夫／家／國體制中找尋更好的幸福時，一個女性主義的藝術家要如何與之對話？當藝術家看到台灣南方的鄉村到處矗立著「越南新娘十八萬，保證處女」、「印尼新娘，保證退貨」的父權宣示招牌時，遇到這些真實生活的女人們，她要如何在這成千悲喜皆有的女人故事中看待自己？

對外配姊妹來說，她們離開母國的父／家／國，為另外一個夫家貢獻了「子宮」與「勞力」，她們的肉體是生殖也是生產的工具，儘管如此，移動是這些外配姊妹們的唯一機會。

我認為侯淑姿的作品回應方式非常特別，不以控訴或批判的姿態，也非紀實攝影，而以外配姊妹們的家戶領域的日常生活為核心，以攝影捕捉了真實散落的片段（realistic fragments），呈現了她們在兩個夫／父國度中的移動的原因、機會與風險。

不僅在台灣為外配照相，侯淑姿更回到她者的夫／家／國，探視外配姊妹們原生家庭的處境。優雅的藝術家學會了吃路邊攤、騎機車在越南的城市與農村中拜訪，學會了如何在日落之後昏黃的燈光下攝影與記錄，將自己放置在她者的處境中，重新理解越南與台灣的關係何止婚姻買賣而已。藝術家見證且學習了不同文化的傳統及其限制。是以，回鄉是女人幫女人重新表述的機會，是調整與挑戰藝術家自身文化的練習，是向被拍者的學習。這種行動更揭露了全球化處境下的優勢：能移動者佔據優勢，無能移動者只能逃離或者在地自囚，然而，也正因

為如此,「回鄉」是藝術家有意識的反思行動。

我們總習慣認同強者。哪時候,我們可以認同弱者,不以強者形象為典範,不以中心的生產模式為應然的模式,就是我們面對移動所造成之事實性(facticity)的重新構造機會。

——原刊於《今藝術》2010年七月號。

# 祖國，父國，母國

　　《漢雅一百：偏好》，匯聚了中港台三地一百件作品，既是影響華人藝術圈至深的漢雅軒畫廊三十週年收藏生日展，也是策展人張頌仁與高士明有意識地以文人的、社會主義與當代藝術三個世界概念建構華人藝術歷史之索引。展覽無疑地提出了些好問題：私人典藏的偏好作品如何建立歷史敘事？能否以三個世界分斷疊合來重寫華人藝術史？其富於野心的三個世界結構是否被依其作品主題分類的展示方法而弄擰了意義？更甚，三個世界是否如兩岸三地（兩岸何止三地？）此種牢固卻過時的分斷概念，再次凝固歷史而非解放歷史？我想以一個非常個人的角度重新看待華人（如果這個概念仍適用來描述籠統的區域與經濟過程）的認同政治關係。

## 祖國

　　展覽是政治與詩意（敘事）的，愈是政治的展覽就得表現愈像僅是詩意的，展覽需要妥順的敘事邏輯就如同歷史學家要掌

握有頭有尾的線索一樣,讓故事可以說通,說得動人,有可信的起源以及富有寓意開展性的結尾,政治便可以隱藏其中。展覽的主題之一「分斷與離散」,逼使我們更應該面對歧異的歷史(展覽的形式展現成的詩意敘事)和政治的關聯。分斷自是成王敗寇的政治學,人民與土地是無法分斷的,歷史連續,而政治分斷,國家只是政治的後果,不是歷史的必然,而愛國主義只是奮戰過程中的副產品。十七世紀後新興國族國家(nation state)的打造,就是血緣與地緣政治如何自然化歷史之鬥爭。

因此,讓我們先來問一個起源的問題:國家(country)是什麼性別?德國人稱父國(fatherland),印度與其他許多國家則稱為母國(motherland),中國人稱祖國,先人之國謂祖國(ancestor's land)。字面上看來,祖國就是祖先住過的地方,然而人都是暫居於世界,家國相對於恆久都是中繼居所而已。以色列和巴勒斯坦的衝突告訴我們,無論住多久,住過與否,都不代表所有權,民族國家只是政治的結果,和血緣與祖先住多久無關。台灣在二戰結束後,日本從台灣撤離二十萬人,從「祖國」遷進了兩百萬人。祖國出現在我孩提時教科書上狀似秋海棠,長大後我才知道蒙古國(教科書上的外蒙)是在蔣介石抗日成功後才讓給蘇聯,秋海棠變成老母雞。孔夫子說:「始作俑者,其無後乎?」蔣介石在台灣塑造自己是民族救星時,時任監察院院長的書法大家于右任先生常常大筆一揮寫下「民族救星」,台灣至今仍四處可見這四字,被台灣太陽花學潮撤下的「立法院」招牌,也是于右任先生的筆墨。從祖國父兄們逃出的祖國,則另有一位民族救星毛澤東,在網上搜尋,兩位民族救星總是並肩出現。此展的開頭便是于右任先生的字

與梁思成先生設計的人民英雄紀念碑藍圖，他們兩人後來各有祖國，祖國一分為二，或者說，祖國被兩地的政治決然任意地取用。

不同的國家有不同的藝術傳統，例如，西方風景畫（landscape painting）由可以入畫的景色所框，美景是適合入畫的，是擬畫（picturesque）❹的方稱自然。中國文人畫則由人寓居於中，由個人經驗體會畫中美景意境，而非畫的主題與形式。文人畫是傳統中國文人世界的再現似乎毫無疑問，然而，台灣農村不是西方風景畫，也非中國文人畫的，是發展中國家普遍的生產型農村，客廳即工廠，全島都是加工廠（如陳界仁作品〈加工廠〉），八〇年代之後，李登輝主導的「農地開放買賣」讓農地碎裂化地捲入都市過程，從此沒有自然沒有農村，沒有古典主義意義下的農村與社會關係，台灣的農村不入藝術，不入畫框。如英國文化研究學者Raymond Williams所說的：「A working country is hardly ever a landscape.」（勞動的鄉村從來都不是風景。）

但台灣還是有小鎮景致的。陳澄波的畫裡有，但畫中無人，有人也只是裝飾。陳澄波於東京美術學院完成研究所學業後，受聘至中國上海新華藝專與昌明藝苑任教，並獲選為中國十二位代表畫家。1926年六月，以畫作〈清流〉受推薦代表中華民國參加芝加哥博覽會。在二二八事件爆發後，於1947年三月二十五日被國民黨槍殺於嘉義火車站，離他入選1926年第七屆日本帝國美展的畫作〈嘉義街外〉不遠之處。兩年後，我母親生於台中梧棲的小漁港。

❹ 也譯成「如畫的」。擬畫理論 "Theory of the picturesque" 首次見於William Gilpin（1724-1804）的*Three Essays:On Picturesque Beauty, On Picturesque Travel, and On Sketching Landscape*一書。他區分了美麗（beauty）和擬畫的（picturesque）的不同。美麗的事物不一定是可畫的、適畫的，而擬畫的對象比美麗的對象來得更適合被畫。擬畫的對象一定涵蓋自然的精髓，享有自然的味道。Giipin 將「自然」與適合畫進圖裡的風景等同。換句話說，那些適合被畫進畫裡的景物，一定擁有自然的狀態，有著自然的本質，是真正的「自然」。真正的自然是由畫框的界線、畫家的眼睛所挑選。擬畫理論不但影響了十九世紀末期的繪畫與美學理論，同時影響了二十世紀後新興的都市規劃、景觀公園與地景設計，甚至影響了旅行論述。

# 父國

文化大革命那年，我出生。在這個或者那個軍法局（陳界仁作品），兩岸政府都是數學資優生，解決了二二八或者文革時期該被好好計算的數學。父親從十四歲被國民黨抓兵，離開閩北武夷山下的農村，一路打仗撤退到台灣時姊姊剛出生，終生未得謀面。他的父國在祖國，有一家子的親戚，閩北山丘下綿延的農田茶園果園還有據說很精緻典雅的黃家宗祠，身上有著抗日反共的兩個彈孔。他的母國也在祖國，祖母據說是浦城縣的美女，但所有的思念都帶有美化與英雄主義的創造成分。父親過世後許久，兩岸開放探親，我與母親飛到了福州機場，坐了四天四夜的小巴，穿過閩北高高低低的丘陵到了浦城縣忠信鄉黃家村，我看到那片依山的農田，還有被無數家庭分居的黃家宗祠，見到我的親姊姊，家族裡的陌生親戚，突然老了的輩分稱呼，喝了桂花甜茶，陌生的父國才在一碗碗無限期停止的自製米酒中逐漸顯影。我腦袋印象最深的卻是沿路傍山雄偉的閩北建築樓群，以及剛啟蒙的左派意識讓我感到宗祠被無數孤苦家庭瓜分是非常美妙的事。血緣還不如教科書中的中國近。

他的父國在祖國，而我的父國就是他現下的家，他的遙望思念都在我抬頭可見之處，我的母國就是我媽我外婆我阿姨的家。我寓所在我母親之地。

冷戰時期的美日台關係，使台灣成為中國統一的阻礙。蔣介石在「中」美斷交前，與美國商量好承認兩個中國同時存在未果，從來也沒有過國共不兩立的誓言。我父親以及當初來台的兩百萬父輩姨婆們，為了誓不兩立的謊言拋家棄子，與對岸勢

不兩立，化灰燼也恨吧。台美斷交後，美國軍事援助顧問團撤出，但將我的家園慢慢變成「社區」，原本用來規劃補助救濟單位的名稱，取代了歷史稱呼自己家園的名字，家園國家都是被命名的，被召喚的。

## 母國

　　我不懂離散，我沒見過祖父母。我母親就是我與土地的所有聯繫，但我從小長在一個不同於此土地的村子。眷村。全台灣近九百個，約三成外省人四十餘萬人住在眷村。藝術家侯淑姿描繪一種分斷的安居，新故鄉。爾後，再度離散。作品〈鍾文姬與黃克正〉的故事裡，一個本省客女性嫁給了外省軍人，結婚後一家四口都住在四坪大小的房間裡七年，隨著丈夫職務的調動又從台中搬到左營復興新村，再搬到崇實新村。丈夫出外帶兵常常一、兩個月沒回家，全靠鄰里排解寂寞，相互看應。後來小孩大了，鍾文姬開始投入就業生產，加入了台灣女性勞動力行列，這時的台灣快速發展，她在楠梓加工區上了二十幾年的班（直到外籍移工取代了她與一般台灣女性的位置），住在左營也快四十年了，左營就是她的第二故鄉。侯淑姿透過簡單的文字與八幅作品就照映出眷村的普遍歷史意義。作品〈尚久菊與陸鐸〉則是描述兩個來自不同省分的人在台灣相識相遇，台灣是他們相遇之所。作品〈殷陳城蘭〉則以一名女性的生活敘事，透過獨照、屋景、樹景、巷弄角落，印顯了眷村的共同生活空間，在她此系列的作品，常見一樣的安排，攝影主題的相似，餘韻反覆，完成了地方空間的辨識體系，彰顯了眷

村生活的整體性。她作品中的眷村生活空間，照片中的老人當時的孩子，是記錄也見證保質期內的「中國」，是中國的此存在（ça a été）⓯和兩岸空間的指標性關係（indexical relation）。

　　我與父親的相處，哭訴與請求都是非常陌生的。記憶中，我們的對話不超過二十句吧。你面對的是一個從小五開始就會打還手的孩子，一個國一的小孩在你臨走之時，一人在醫院守著你的屍體（被罩在一個綠色紗籠底下像是被庇護的冰冷菜餚，像小時候的飯桌上的那種），一夜而面對所有家人不落淚的不孝兒；而我面對則是一個孤寂的老人，即使你把我放在腳踏車上從永春街走到八二三陸軍醫院的遙遠路上，你仍未發一語，彷彿這路是走在你閩北的丘陵上，而腳踏車上是您從未謀面的女兒，我的同父異母的姊姊。既未曾識得謀面，又何來話語？我在你面前，而你無能關愛。我們的關係像是個錯置的愛，總來不及在學會時候用完，或在能使喚的時候找不到對象。你獨自拉胡琴的時候，我在外婆家度過快樂的暑假，在台中梧棲港與外公出海捕魚，剝牡蠣殼，聽著外公說小時候吃兩個月鯊魚肉的故事。我小六你失聲之時，你透過胡琴的話很吵，我更厭倦你那永遠不變的曲調。你的黃昏是我的青春。我很晚才開始認識你黃昏中的風景，你相信也好，不信也罷。我工作地方的報紙網站被中國封鎖而台灣很多人說我們是統派，我認識不少外獨會⓰的朋友，參加學運，幫民進黨的候選人助選，在八百多戶的眷村投下第一張「叛亂」票，也曾在地下電台主持政論與音樂節目兩年多，也為了地下電台被抄抗議而從指揮車上被水柱沖下來，最後又因為十四、十五號公園反拆遷運動時與民進黨和學運時期以來相識的同志分手，而至今我沒有一點欣

⓯ 文出羅蘭·巴特在《明室》一書中，攝影所逼顯的所思就是「此存在」，照片中的對象存在過，真實的，但已成過去。

⓰ 即外省人台灣獨立促進會，1992年八月二十三日由廖中山、陳師孟等六十多人基於「在臺灣獨立建國的行列裡，外省人不該缺席」的理念發起成立於台北市。

喜，一點點都沒有。而我的生活，總在沒有選擇中前進，我的愛情，簡直像團狗屎，插鮮花都嫌小。至今唯一的狗屁結論是：拒絕比追求的勇氣多，用在政治上，起碼讓我不用與媚俗談戀愛。但是用在愛情上，簡直一敗塗地。我想我們關係中我唯一體會到的是「寡言」，還有寡言後面的某種實在論的生命哲學，絕對不是一個十四歲孩子可以學會的事情。而你，一個十四歲就被抓去充軍打仗的孩子，可能很早就學會了。

離散是猶太人的專利但非專屬，從羅馬時代就必須身繫黃色絲巾出門標示身分，只能從商，流離飄泊，受不同族群國家的欺壓，乃至建國後，也使別人重複他們的歷史。台灣一直是他者的家園，以前是，現在是，未來也是。台灣現在有四十二萬的外勞，三十八萬四千多的外籍新娘（台灣原住民人口約四十八萬），中國籍的配偶則佔其中的65%以上。侯淑姿的《望向彼方——亞洲新娘之歌》說出了台灣成為外籍新娘下一個故鄉的夢想與痛苦之地，她們從父家到夫家，作為生殖與生產的工具，身體用來換在父家的新房，愛情與幸福則是可遇不可求。在高雄旗津的小學，班上六個孩童有一個就是「混血」兒，台灣正邁向新的多元文化與混種血緣的未來。母國是我的，與台灣此存在的政治歷史情境，是生育的，女性的，夢想的，移民的，祖國父國的「例外之地」。如果中國對台灣的情感，不是政治的，那請告訴我，中國作為華人的「祖國」，靠什麼來召喚？中國何時可以成為他者的家園？

我們總是崇仰強者的價值，輕視弱者的價值，讚揚獅子的歷史，忘記獵物的歷史。屬地主義式的情感，自然化了歷史，

讓我們誤以為寄居之地就是起源之地，忘了這只不過是土地與私有財產連結產生的巨大情愫而已，我們愛鄉愛國是因為我們（曾）擁有它，若非如此，我們有什麼依據將政治瓜分後召喚成家園的土地變成一生依戀的寓所？有什麼推進歷史展覽的方式，不是用時間的而是用空間的敘事讓政治現身，讓政治成為多重選擇之一的意志而非統攝歷史的方式？

這個展覽中，讓我感動與憂心的是同一個部分，這些作品安穩地在三個世界以及特定分類中被安置，而不是擾動，動容之處恰是麻醉我之處，詩意隱藏了政治，而最終也讓歷史自然化了。讓我引用薩伊德在《文化與帝國主義》書中的句子作為結語，他引用一個十四世紀印度學者說的話：

「作一個初學者，他熱愛自己的家鄉。作一個強者，他愛全世界。作一個完人，他什麼都不愛。因為一個初學者，他會把他的愛全付出在一個地方；一個強者，他會把愛推及全世界；可是一個完人則對這世界止息了愛。」

——本文為作者在「漢雅一百論壇」（2014年一月十七日，香港藝術中心）講稿基礎上於2014年四月在台北修訂而成。

【輯二】**折射**

是與社會交往的藝術，是歷史事件的折射，

是不完整的敘事，卻映照出多重意義。

# 我們在此相遇

## ——藝術家侯淑姿與她的左營眷村影像

　　我所深愛的藝術評論者與小說家約翰・伯格（John Berger）在《我們在此相遇》（*Here Is Where We Meet*）一書中創造了一個獨特觀點：我們因為城市空間而真正地認識了人，城市的文化歷史氛圍與街道氣味是人世間真正的相逢，空間既是回溫的記憶裝置，也是人們相遇的存在基礎。父母、戀人、老師、影響他至深的優秀心靈都是空間化了的社會關係。伯格並非旨在虛構人們相遇時的空間情境，他聰明地展示了空間作為認識（space as acquaintance）的新文類，我們並非在某地相遇（encounter in place），而是每次相遇都是地方的重逢（encounter of place）。

　　侯淑姿與左營眷村的關係正是如此。他們並非在左營相遇，而是左營生產了他們之間的相識，一個來自台北在高雄教書的女藝術家，與一群退伍將士及其家屬的相遇，造就了這個作品深刻的力量。如卡爾維諾（Italo Calvino）之洞見：對於地方歷史景觀之真愛或歡愉，通常是在於它回答了你的問題，或者是它問你一個問題，強迫你回答。三年多來，因為荒謬的眷改

條例與感受眷村文化資產滅絕的危機,侯淑姿踏入左營眷村企
圖回答問題。我屢屢聽到她緊急呼求的聲音,她跑盡田野,直
至陌路變親人;她求助各式管道,直至眷舍碎成瓦;她落淚無
數,直至老兵們的故事止歇。她與眷村毫無淵源,卻成為與將
士遺民共度時難的女子。左營眷村是台灣最大的海軍眷區,隨
著海軍裁撤,老兵凋零,國防部眷改條例的清空住民原則,她
的努力奔走雖然保住了明德、建業、合群三個眷村,卻改變不
了末代眷村消亡的殘酷事實。

　　由是,此次作品首要意義乃來自藝術家介入社會企圖改變的
行動,在艱難奔走中記錄之筆記、聆聽之聲音、走過的巷弄方
是作品的肉身,最終才透過展覽揭露她與左營相遇之認識。然
而,藝術作品的美學與藝術家的行動有著嚴苛的距離,再現彼
此相遇的社會關係困難重重。

　　延續上個系列作品《望向彼方——亞洲新娘之歌》風格,以
同一攝像的原幅與變色原作加上文字的方式呈現,藝術家開創
了一種新的攝影類型,我稱之為「雙眸」風格。一是鏡頭之
眼(證據、紀錄),一是作者之眼(見證),見證乃主體感受
與工具技術介入之結果。若拍攝負片,負像紀錄,正像見證,
拍攝正片則正好相反。侯淑姿拍攝正片,負像需要後製才能產
生,使得負像更有一種消逝的、虛幻的,同時是主體介入之結
果。藝術家辯證處理了此生產原理,透過正像/負像的並置,
將攝影的紀錄性(documentality)與見證(witness),鏡頭下
的客體與藝術家的主體並陳。鏡頭並非客觀中立,因為長期訪
談與奔走,每一個紀錄都是照見空間歷史的理解,主體見證也

非僅主觀目睹的感受，而是受到被攝者生命故事震撼或直接介入行動的影響，見證則包含了行動主體重新指認地方的過程。這系列作品模糊了攝影既定風格，也模糊了攝影美學的既定理解，接近觀念攝影的手法。我們也可以這樣理解，紀實攝影的紀錄性與作為藝術作品的「文件性」乃是透過拍攝與展示的時間場有所差距，進而產生意義之衍異。因為攝影時間的「此存在」（ça a été）與展出時間場所的指標性關係（indexical relation）有所差距，因而產生了林志明教授在《複多與張力》一書中所謂的「紀錄性」與「文件性」的區分。然而侯淑姿利用的並非時間空間之延異，而是刻意創造紀錄性與文件性的混合，由此開展了藝術家的行動意涵與作品的張力。《我們在此相遇》包含四個眷村三十餘件作品，攝影原幅作品依舊滿溢著紀錄性，而原幅下方的作品則透過負片化來追悼已消逝或即將消逝的地景，藝術家以文字描述將自己的不捨叨唸與居民的口述歷史匯集於照片上。鏡頭紀錄性地呈現了人物的變遷，而作者之思則將人物地景凝固成檔案，文件化自己的介入行動（訪談、奔走、遊說、陪伴、感想）。攝影作品的可視性與藝術家行動的非觀看性結合了起來，紀錄、見證、文件之相互參照關聯阻斷了影像的消費，避免對地景攝影作品膚淺的讚嘆，作品就是藝術家行動之延伸意旨（connotation），這當是侯淑姿作品最具特色的風格，藝術家以攝影策了自身行動的展。

與之前作品不同的是，藝術家不再是靜默的聆聽者，她在作品中矜持的文字感受更對照出她在保存行動時激昂的論述，作為藝術家，她聆聽並回應歷史細微之聲；作為知識分子，她則勇敢地批判政策的不義。藝術家聆聽居民故事，蒐集消逝地景

民國三十八年八月三十日，
我與其他海軍眷屬搭崑崙軍艦抵達高雄的三號碼頭，
落腳在七賢三路的平和旅社。

民國三十九年元月在旅館生下大兒子，
在旅館過了到台灣的第一個年，
僅靠一位老鄉送的一斤豬肉撐過了這個年。

民國四十一年搬到復興新村，還在復興慶祝了雙十國慶，
沒料到十一月貝絲颱風來襲，沒一會兒屋頂就通通都掀了，
等天亮後，
我們起身一看，
雖然屋架沒倒，東西通通都掃光了，
我們只好撿破板在自家門口釘了個小房子，
繼續留在原地等待軍方蓋磚造的房子。

那時只有一個孩子，一個還在肚子裡，
所以還住得下，等到其他孩子陸續出生以後，
我們只好打報告上去，
要求上級將隔壁鄰屋搬走留下的房舍也讓我們家來住，
每間房間都是上下鋪才睡得下，還好那時配有軍糧，
基本的溫飽不成問題，但日子還是很清苦。

〈殷陳城蘭01〉，2011
原展覽尺寸70cm×140cm（含邊框90cm×160cm）

〈殷陳城蘭02〉，2012
原展覽尺寸70cm×140cm（含邊框90cm×160cm）

當年先生的薪餉是50元一個月，軍方的補給所發的是米、麵，
50元等於是菜錢，我還常餵了雞做饅頭，
三個小孩就坐在這門檻上，一個人啃一個饅頭去上學。

那時先生在船上，只有放假日才能回來，
如遇上小孩生病，我背上揹著一個，
手裡牽著一個，後頭又跟著一個，
因為沒有車子可搭，我就帶著三個小孩
一路走到海軍總醫院去看病，十分吃力。

住在眷村，是十戶成排的連在一起、吃井水，煮飯在公家廚房用煤球燒飯。
民國四十一年至四十二年間我趕到台東跟陳縫釦子；
後來也在家裡做手套、袖子，
其他眷村媽媽有的則是糊鳳梨來補貼家用。
生活一直到孩子開始做事以後，經濟情況才有所改善。
從前的想法是嫁雞隨雞、嫁狗隨狗，
生活再苦也不敢有離婚的念頭。

我一共有六個小孩，孩子唸書都得靠自己，
老三小女兒還唸到博士，我先生當一個士官長，
家裡的基本開銷就很吃緊，我與先生拿不出一毛錢，
沒有辦法幫他們，還好他們都很上進。

小孩長大後各自成家立業，
也都搬出去了，
現在這老房子就顯得冷清了。
這一排上只有我與郭太太是第一代，
大部份都走了。

現在只有兩個小孩子陪我住，等到明年我們就搬到新的大樓，
住在這兒六十幾年了，很滿足這樣的生活，捨不得這裡的一草一木。

〈殷陳城蘭03〉，2013
原展覽尺寸70cm×140cm（含邊框90cm×160cm）

〈殷陳城蘭04〉，2012
展覽尺寸70cm×140cm（含邊框90cm×160cm）

鬼魅的痕跡，進行「補遺」（supplement）。作品〈回響02〉的
貓與牆皆無能語言，她便寫下：

「凡事都有定期，天下萬物都有定時。生有時，死有時。栽
種有時，拔出所栽種的，也有時。左營眷村的議題觸動了許多敏
感的神經，當受訪的眷村奶奶開始啜泣，揭開的是五十年前與父
母死別的記憶場景與傷痛。誰能料想到，她們歷經風浪與流離，
五十年後再回到魂縈夢牽的大陸老家，卻只能哭倒父母墳前。我
在一旁陪著落淚，而我的感傷是這些老奶奶壓抑了多少年，不敢
輕開那記憶的匣子，只因前塵往事都在時間的巨浪之下成了微小
的泡影。」

〈回響〉、〈殘響〉、〈餘音〉系列是對空去之地景進行歷
史填補，傾頹屋舍與離去的眷村住民無法言語，藝術家成為全
觀的敘說者，說著從地景中蒐集而來的殘留回聲。以人物為主
的作品，藝術家則是一個紀錄者，以個人生命史來勾勒地方特
色，每一個生命史都是地方史，而地方史則是公共史（public
histories）之一。他／她敘說了台灣眷村政策如何從國民黨安
撫軍人之統治正當性需求，轉向土地作為商品的貪癡，他／她
敘說了台灣不同族群結褵與城鄉移民的歷史。在〈鍾文姬與黃
克正〉的故事裡，本省客家人嫁給了外省軍人，結婚後一家四
口都住在四坪大小的房間裡七年，爾後又從台中搬到左營復興
新村，再搬到崇實。丈夫出外帶兵常常一、兩個月沒回家，全
靠鄰里排解寂寞。後來小孩大了，鍾文姬則到楠梓加工區上了
二十幾年的班，住在左營也快四十年了，幾乎就是她的第二故
鄉，眷改條例的兩個選項他們都沒有選，與國防部打了四年官

我是民國三十七年跟著哥哥逃難到台灣
家鄉在營口與大連中間的透鄉叫做楊家...
我先逃到瀋陽，再逃難到天津
那時候只知道政府到了台灣
大家都想法子申請到台灣。

局勢很緊張，逃難時拾著一隻皮箱就來了。
原先以為逃共產黨，想過一、二年...消滅了共產黨就回去了。

剛來時就是兵荒馬亂，在高雄落腳，
在親戚家住了幾年，生活很刻苦，
後來相親認識了我先生陸鐸。

他是三十六年來臺灣，四川的陸軍官校畢業，
他的父親與兩個弟弟在三十七年也都來了，
但是他的媽媽在河南被共產黨給鬥死了。
我先生先在高雄要塞司令部工作，算是陸軍，
擔任駐守桃子園地區的分臺長。

他一到台灣就住在這個房子，從沒有搬過。
這房子原本是日本人留下來的。
地板是木造的，編屋也是木板，裡即是竹編夾泥，
很不堅固，後來我們自己想法子改為磚牆，屋頂也換過，
換瓦時都是我爬上去更換。

〈尚久菊與陸鐸01〉，2012
原展覽尺寸70cm×140cm（含邊框90cm×160cm）

〈尚久菊與陸鐸02〉，2012
展覽尺寸70cm×140cm（含邊框90cm×160cm）

司，也不知未來何去。簡單的文字與八幅作品就照映出眷村的普遍歷史意義。〈尚久菊與陸鐸〉是兩個來自不同省分的人在台灣相識相遇，藝術家透過兩人合照、屋景、樹景、居家內部客廳建立了眷村文化指認性；〈殷陳城蘭〉則以女性敘事為主，獨照、屋景、樹景、巷弄角落，一如前者，除了以公共空間取代了客廳外，其餘相同。攝影主題的相似，餘韻反覆，完成了地方空間的辨識體系，彰顯了眷村生活的整體性，而巷弄角落與家庭客廳都是功能相同的「公共空間」，住過眷村的人都知道什麼是公共生活，就是當你家客廳就是別人的巷弄之時。諸多細節，皆是藝術家長年訪談感受所得，這即是上文所談「見證」之意。

　　侯淑姿的攝影作品向來不是張狂與外顯的，要彰顯的社會關係也不是透過剪裁取景之強調來增加說服力。她避開煽情的引誘，不賣弄傷痛。猶如羅蘭‧巴特在《明室》中所給予一幅攝影作品最好的評價，這系列作品是藝術家「應當去那兒住」（there that I should like to live）的心底感受以及讓觀者都感覺到「曾在那兒」的悸動。作品中的景色是可居的（habitable）而非觀看的（visitable），既不是提供夢想（奢望有一棟）也非經驗的（買一棟像這樣的），而是召喚了奇妙感受（fantasmatic），讓我們暫入時間的烏托邦，或者帶領我們回到自身的某處，在波特萊爾〈旅行之邀〉和〈前世〉兩首詩作詠嘆的雙向憧憬的旅程往返。羅蘭‧巴特引用佛洛伊德的一句話：「除非一個人已經在那裡，否則無法說得如此肯定。」是對此作品最好的描寫，也正由於此，淑姿的作品才能擁有巴特所謂：「地景的本質（由欲望選擇的）是：家（heimlich，德文原意為私密的，私

〈尚久菊與陸鐸03〉，2012
原展覽尺寸70cm×140cm（含邊框90cm×160cm）

〈尚久菊與陸鐸03〉，2012
展覽尺寸70cm×140cm（含邊框90cm×160cm）

下的家）」的力量。

伯格的小說始於里斯本五月底的一個炎熱午後，他在公園長椅上遇見他死去十五年的母親，他母親告訴伯格：「死者不會永遠待在他們被埋葬的地方。」母親離去之際，請求伯格多紀錄一些「死者」之事，讓世人更了解他們，於是伯格踏上了時間與空間的奧德賽之旅。藝術家侯淑姿從《亞洲新娘之歌》到此次《我們在此相遇》的作品，是用攝影開始了她自己的奧德賽之旅。不同於伯格，她並非要重製自己的情感人生，不同於奧德賽，她不是要回到自己的家鄉與愛人團聚，她將路程所遇之人當成自己的家鄉。她宿於相遇，她往人們望向之彼方尋找私密的家。

伯格的母親又告訴伯格：「人死了之後，可以自由選擇他們想住在這世上的哪座城市。」我們並不知道左營眷村的人們將去哪裡，至少，他們終將自由遷徙，而我們則透過藝術家的作品，目睹曾保衛我們而遭背棄的人們的面容與褪滅地景，看到國家與自身的羞愧。

——簡短版曾刊於此展的傳單，完整版刊於《今藝術》2013年七月號。

# 與社會交往的藝術

　　民族情緒與愛國主義是兩面刃，令被壓迫者反抗，也壓迫非我族類，菲律賓殺害台灣漁民事件就是。民眾參與和政治正確對藝術也是兩面刃，它令民眾獲得參與資訊管道，伸張某些人們的社會權利；但同時也利用參與，轉圜了政府與藝術家應該擔負的責任，以政治正確贏得社會認同。

　　班雅明（Walter Benjamin）在思考知識分子如何站在工人那方時，曾提醒我們，儘管知識分子無產階級化幾乎不能創造一個無產者，因為教育給了知識分子生產工具，這一工具給了知識分子特權，或是讓更多的資產階級與知識分子聯合一起。他引用阿拉貢（Louis Aragon）的話：「革命的知識分子最初首先是作為他原來那個階級的叛逆者而出現的。」知識分子能將生產工具的目的視為為無產階級革命服務，這雖是一個調解作用，知識分子愈能對準此一目的，他的作品傾向就愈正確（政治正確），而其技巧（品質）就一定愈高超。他愈清楚自己的位置，就會放棄「精神」（美學）這個法西斯主義名下的字眼。用藝術家取代知識分子，而民眾參與取代無產階級，美學

取代精神，幾乎可以適用談論藝術介入社會（或其他類似說法），亦即藝術的倫理要務。

我對後現代的一些藝術主張存疑，如波伊斯（Joseph Beuys）的「人人都是藝術家」與丹托（Arthur Danto）的「事事都是藝術品」。他們的說法都呼應後現代政治的需要，但民主化美學不能保證素人畫家成為藝術大學教授，從歷史看來，這些主張創造了更多藝術進入社區、空間、民間的趨勢，「與社會交往的藝術」成為藝術創作手法之一，增添了美學目錄，卻沒有改變被認可的體制。主要是因為，他們並非解決了藝術的倫理要務，而是解散倫理要務，或者將其「擱置」。解散與革命不盡相同，前者撤其判斷的藩籬，等於讓現實（權力）成為理所當然的仲裁者；而後者是反轉被政治社會分類的階序，在不同的歷史階段都不盡相同。參與本身不是目的，政治正確不是增加同一性（idenity）而是增加差異（difference）。參與並非藝術的目的，改變既有意義，提出少數人的文化價值而被認可為社會實踐的一種才是目的。

偽造便當文的風波，以及發生的多起霸凌菲勞事件，都恰好是民族情緒與愛國主義的複雜交織的政治感覺運作。便當文引起的兩造對抗風暴都是認同的力量，而非識異。

在此，藝術可以扮演什麼角色？2006年時好友陳香君邀請我參加《燕子之城》展覽，當我在構思〈交遇〉這個作品時，在台北中山北路聖多福教堂後面的小公園做了三個月的田野調查，訪問了許多菲律賓外勞朋友。其中有一組朋友組織了一個

馬克思讀書會，每月閱讀馬克思，討論的不是爭取在台灣工作的保障和福利，而是討論菲律賓自然資源豐富、礦產富饒、人民勤勞，為何成為東南亞主要的勞力輸出國？為何有錢人擁有菲律賓百分之七十的土地？他們要如何改變菲律賓的國家與社會結構？我才驚覺，無論用任何的藝術方式再現菲勞的工作困苦，都是認同且加強了他們身為弱勢移民、應當要為其伸張權利的良善模式，似乎只要表達對他們委屈處境的痛苦感受就是最高的美學標準了。當時，還有許多移工藝術工作坊與展覽也多半採取此一策略。我們這樣看他們，他們也就終將被這樣呈現。他們不能說話，所以我們要替其發聲。他們無法寫詩，我們教他們寫詩，他們無法拍照，所以我們提供相機。我們從體貼獲得榮耀，從協助展露權力。此種政治正確的表達從相反的方向埋葬了可能的解放要務。

2011年策劃高雄勞工博物館的《跨國候鳥在台灣──勞動力》特展時，我有了機會做更廣泛長期的田野工作，對高雄的移工組織、收容所、工廠都進行了訪談與探視。一直到開展前一個月，我都還不知道具體的展覽內容會是什麼。最後，此展覽打破了勞博館紀錄，共有二十五萬參觀人次，並贏得韓國光州副市長的讚許。我從中學到一件事情，藝術從來不是與社會無關的，所以「與社會交往的藝術」嚴格來說不成立，藝術從未外於社會。「與社會交往」並不是為了要做藝術，或者將藝術視為社會交往的核心，與社會交往不是目的，而是要回答如何反轉社會交往的權力運作。我學到的事情是：我們並非要保障菲勞在台工作的權利，而是如何讓他們不再成為菲勞，要努力的是階級的共感而非國族的共感。參與和政治正確不是好藝

術的允諾，班雅明說的「與無產階級站在一起」才是，因為藝術的鬥爭不是發生在資本主義與美學之間，而是發生在資本主義與無產階級之間。

——原刊於《今藝術》2013年六月號。

# 青春共同記憶，
# 與傷痛魂身再見
## ——2013高美獎得主：陳云《好久不見》

　　陳云看起來不像藝術家，也沒人會認為她是。她頂多像個熱愛搖滾的青春少女，無意間鼓起勇氣參加抽獎的孩子，面對台灣重要藝術獎項之一的競爭，也只能用孩子似的話語寫下她的展覽論述：

　　「小時候時常一個人自己住，幻想著有許多的朋友陪伴在身邊，有來自世界各地、男的、女的，他們全部寄宿在我家中的容器內。每個人都各有自己結束短暫生命的理由，不管在旁人眼裡這看起來是多麼微小的一件事情，但在當事人所遇到事情的當下，這些理由、事件，都足夠讓她痛苦不已，甚至永生難以忘懷。」

　　這可能是「當代藝術」中最直白的論述！沒有法式諺語與打結毛線的文青論述。

　　她在高雄駁二園區賣票，是個標準的 The Wall 掛。她的臉書上多是樂團的消息、大港開唱與野台，或諸如「樂迷是世界上最強的生物」的訊息。她可以如數家珍地談論台灣的獨立樂團，喜歡滅火器等團，卻說不出任何一個藝術家的名字，當然也有一般臉書女孩熱愛的自拍與自我讚美。唯一與藝術有關的，就是這次參加高美獎徵選的進度，2012年十二月二日，她在臉書寫著：「一早接到讓我整個腿軟的消息！！！！第一階段通過！！！！！」2013年二月六日，「早晨親自接到來電通知真的很開心，心中終於放下了一顆大石頭了。謝謝一開始凱西姐姐和陳凱元哥哥，謝謝 PoYen Lin 幫忙最後階段的佈展，謝謝最重要的爸爸和阿姨。我不會再作惡夢了！」

　　然而對南部藝術圈而言，她並非不知名。父親木殘（本名陳茂田）是南藝大造型所第三屆的畢業生，台北、高雄大普畫廊的創立者，也是南方有名的現成物與裝置藝術家。陳云從小就生活在父親蒐集的各種物件房子裡，除了各式各樣的冥紙外，老照片、老電影、舊漫畫、阿嬤用的梳妝台，猶如一個小型博物館。她甚少與父親談論有關藝術的事情，非常不喜歡念書，功課非常爛，連高職都沒有興趣繼續，只拿到肄業就滿足了。九歲時，媽媽因病去世，這個博物館似的家就變成青春孤獨的居所。她創造了許多好朋友，每一個朋友都寄宿在她睡覺床鋪周圍可見的、由父親蒐集的物件之中，每一個好朋友都有固定的位置，她可與之訴苦，聽其抱怨。每天晚上，她會如晚點名一樣與朋友打招呼。透過與這些朋友的相處，她度過母親過世的傷痛，度過成長過程可能的傷害，度過青春孤單的自處。最後，也透過埋葬這些朋友，為其撰寫「微死」墓誌銘（因為很

《好久不見》系列一：以溫室代替糊紙厝，傷痛魂身人偶躺在各自的溫室中，底下寫著死亡緣由。

小，很無厘頭的原因），埋葬祕密，面對歲月消逝然後成長。

由於父親的影響，她對台灣傳統的老東西、死亡、宗教很感興趣。紙糊豪宅中的魂身（人偶）是陪葬人俑的轉化，以前是紙糊的，現在多半是塑膠的。這個面臨消失的傳統紙紮工藝卻成為她表述心情的工具，傳統的「陪葬」變成了「陪傷」朋友，她很習慣收藏與變裝這些「魂身」（例如臉書上懷念媽媽的文字與圖片）來表達自身處境，傷痛與祕密具象化，協助了孤單的個體。每一個親臨的傷痛都是一個好朋友，這些好朋友是她的傷痛替身，有各自的死亡原因。

樂迷女孩的參賽初衷很簡單：不想被人瞧不起。由於高職沒有畢業，所以面臨社會成規的蔑視，她沒有去大公司上班，沒

《好久不見》系列二：每個人偶的墓誌銘手稿。

有念大學，沒有在「做事情」。於是她決定參展，這是生平第
一次參展，在做作品的過程中，她才發現這是她真正想做的事
情，也是第一次與父親討論「藝術」，因為她真的不知道如何
佈展，身邊沒有任何朋友知道佈展是什麼意思，朋友中玩音樂
的居多，這也是第一件「藝術品」。這個直白的理由如同她自
己寫就的策展論述一樣，成長過程的傷痛與長大後選擇面臨的
責難，新的殘酷青春告示就這樣發生了。

　　傳統的糊紙厝是紙紮工藝，階級與社會處境決定了糊紙厝的
豪華程度，她則到IKEA買了小型溫室，以現代泰勒主義式⓱
產品作為好朋友的居所，抹除了社會情境，一個現代的、制度
的，幻想朋友的死亡是沒有階級的。她身上的錢只夠買五十一
個，於是其中一個好朋友只好選擇在高美館四樓廊道的欄杆上

⓱ 由弗雷德里克・溫
斯洛・泰勒（Frederick
Winslow Taylor, 1856–
1915）所創的「科學管
理主義」，利用可重複
的標準工序和分工產生
最大的生產效能。

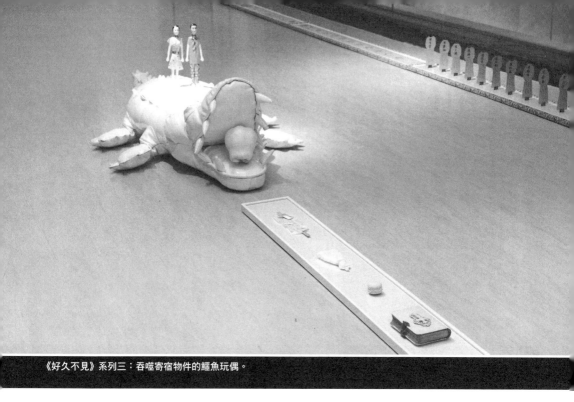

準備跳樓。一個個身形不同的「傷痛魂身」人偶被懸掛在透明的溫室中，「因為鬼魂會漂浮」，她說。每個同音異名（藉由無法辨識意義的字首與偏旁的拼貼）的人都有自己的死亡故事，人偶旁邊標記其年齡、職業，與事發經過，玩偶身體擺設顯示其死亡原因，玩偶身旁則手繪著寄宿物品，例如「陳××，學生，十一歲。臉部、手腳全身上下長滿了毛，自行去醫院打了過多的女性荷爾蒙，四天後發現猝死家中。寄宿物品：一個有著突起物的長形提籃。」以及「陳××，自由業，十九歲。患有皮膚劃紋症，劃過皮膚後會有膨疹，像鞭打。長期下來受不了，拿刀將皮膚割掉，感染後身亡。寄宿物品：一個英式軟墊扶手椅。」還有「陳××，國小三年級，九歲。實在太想媽媽，結果點火自焚，把自己送到媽媽那。寄宿物品：椅墊上的焦枯品。」陳云選擇了以轉化糊紙厝原型，在美術館參展

為自己的成長歲月送葬，並以自己喜歡表達情緒的方式來面對社會的不認同。《好久不見》系列有三件作品：第一個是五十一個IKEA的現代糊紙厝；第二個則是為他們寫墓誌銘的手稿，上面還有許多注音與錯字，因為怕自己忘了怎麼寫與念，以及一個魚缸裝置，裡頭的男女人偶經過水缸的視覺誤差彷若斷頭；第三個則是一個染白的鱷魚玩偶，一路吞噬所有寄宿物件與仿墓碑紙牌。作品意義就是她的生活，而無人可以對他人青春申論。

陳云的裝置在展覽現場極大化了安靜與恐怖，觀者幾乎立即被召喚回到年輕歲月氣味之普同性氛圍。我們從小到老都有過各種悲傷的情緒、想不開的念頭、瑣碎情緒與妄想、痛徹入心的親人死亡、與同學的無聊爭吵，每一個氣味情境都是青春歲月的副作用。在成長過程中幾乎每個人都有想像的朋友，同你說話，陪你成長，當我們愈來愈老，這些好朋友們也就逐一凋零。最終，我們也希望有一天會出現一隻白色鱷魚，吃掉令人傷心、有鬼魂居住的物件與歷史，並在溫室中曝曬傷痛。

對陳云來說，年幼的母殤痛苦與屋裡的孤寂是成雙的難題，父親的物件對一般人來說可能是恐怖怪異的，對她來說則是必須習慣的。於是好朋友就是鬼魂，這個鬼魂朋友可以與她對話，保護她，甚至服務她。問她：這是處理創傷的方式嗎？抑或與母親的逝世有關？陳云答：「沒有到創傷這麼嚴重，我只是將比較印象深刻的事情，比較難過一點的、受傷的、自己發生的事情記錄下來，並非因為母親過世才做這件作品，其實沒有那麼沉重。」關於死亡，她說：「大家可以不必把死亡看得

如此嚴重，死亡不一定是很孤獨、沉重的，也可以是很開心的。有一半也是想到小時候我們家裡常有人來參觀，爸爸那時蒐集很多老照片，那時有個阿姨就問，收集這麼多老照片不會覺得不好？這有些是過世人的東西。爸爸說，我們將這些原本要丟掉的東西收好，不被丟掉或燒掉，應該會感謝保佑我們才對，不會害我們。一方面也因為小時候常作惡夢，爸爸也會抱著我，邊走邊搖，對我說，家裡有許多神明，還有好兄弟們，會保護妳。」

藝術家專心於自己擅長私密的專屬語言，啟動了我們回想的情緒，逼使我們幾乎進入細細觀看卻又不忍卒睹的情境，一如青春的殘酷美麗。透過寄宿物品的隱喻，觀看過程中又提醒了那些青春至今被遺忘事物的存在，物件都住滿了靈魂，都住滿了記憶，我們跨過了這些好與壞的記憶，方能成長。

「國一的時候，我夢到一個中年男子，站在我前面，問我可不可以住在我們家一晚，他說了謝謝，然後就消失不見了。後來我覺得每個東西都有好兄弟，有階級制的，每個人都替我負責做不同的工作。我小時候很怕一個人睡，家裡有許多玩偶，所以我覺得有許多人陪，比較不會怕。有時候譬如半夜沒有瓦斯了，我就會想派一個人去幫我叫瓦斯。我還想說可以讓更多人來我家住，因為人說要做好事才可以投胎，他們幫我做事，搞不好就可以投胎了。」陳云說。

陳云這個人與作品的出現，不禁使我宛然自嘲。原來，藝術生產在論述層次上，的確面對許多政治與美學的部署問題，然

而在藝術家身上,藝術生產就是解決自己生命的苦楚與疑惑,其極致表現就是一個世代的個體用其特殊的形式語言說出了所有世代曾有的處境。

　　成年人也許失去與自己的好朋友對談的能力了。木殘近來較為沉寂,但第一時間知道女兒得獎後,他在電話中對女兒說:「沒有讀大學也沒有關係嘛!對不對?」高美館館長謝佩霓說:「他有個堅強的女兒。」也許陳云在臉書這段給媽媽的話,也非常適合給送給他的父親:

　　「每每遇到被連開好幾槍的低潮期,一定要告訴自己,不會再有比妳離開還要更難過的事情了。」

──原刊於《破週報》復刊754期,2013/3/28。

# 置人與悶

## ——林文蔚 × 黑金城文件展

　　如果不是主題特殊，我們對林文蔚的作品還有任何好奇嘛？學生在看北藝大《置人》展的時候，在旁邊輕聲問我。也許他覺得林文蔚畫風不算特殊，技巧也沒特別好，若不是他窺見了一個我們無法窺視的世界，我們還會覺這個展覽有趣嘛？這的確是個難回答的問題。

　　《置人》展在北藝大美術學院的玻璃屋，藝術家的作品放在幾個報銷的幻燈片櫥櫃中，猶如監獄檔案化犯人一般，觀眾必須拉開抽屜，方能見到分類後的監獄場景，以相同系列行動歸檔，分別展示受刑人的移監、放封、吃飯、就醫、工作等情景，如同囚犯真實生活一樣，完整的生活並不可得，他們被安排進行日常生活，停滯的生命在封閉的空間中被安置。角落另外一個櫥櫃放著圖片與說明文字的文件，觀者要先看到了圖片（囚犯生活），然後去翻閱檔案（圖片說明，獄卒觀察），我們是從檔案認識他們是誰，而非他們本來是誰。他們只是一系列操作特殊動作的無名身體，這個展場呈現了全控機關置人的措施，將人置放在特殊空間裡，「置」的中文字體形狀恰好印

射了上面的觀視窗與下面的送飯欄，人被檔案化了，而觀者藉
由檔案化重建了被觀察者的世界。在開幕當天，與藝術家熟識
的牧師帶著許多乖巧的非行少年參觀，混在藝術學院的學生中
一同喝著黑道老大送來的自製啤酒與鹹酥雞，形成極為特殊的
景觀，若非事後知道，我們會以為他們是由慈祥父親領軍的大
家庭前來看展。在窺探與猶疑的人群中，作品兀自在檔案櫃中
散發引誘，這很像林文蔚的黑白線條速寫，他為人們揭開一個
奇異空間，沒有完整的故事，卻具力量的差異感，我們目睹了
一群化外之民，卻體會了自己的生存處境。

　　林文蔚在1999年走投無路時去當了獄卒，自兩年多前首度
在看見受刑人詹龍欄的身影有感而隨手拿出紙筆畫下當時的感
覺後，便持續練習、創作，至今覺得不畫會死。由於工作環
境的限制，只能將鋼筆放褲袋，一有感覺就畫在隨身攜帶的4
×6大小的紙張上，所以多半的作品非常「潦草」，有結構與
場景感，沒有太多斟酌與推敲，每幅作品都是真實意義的速
寫，不連續的縮時攝影，一日一景呈現，在藝術家的作品網站
上，更有此種感覺。像是侷促的寫實主義，像是在全控機構中
凝視生活已久，然後突然在嚴苛限制的條件下吐出凝視已久的
生活場景和人物，也像一個印象派的寫實主義，是記憶存在
與現場感知的綜合作用。離權力凝視（gaze）遠，他只是觀看
（looking），他站在權力賦予的位置並且也由權力分配而非權
力本身，他也是牢籠中的一人。他不是速寫犯人，而是速寫自
己的生活，這個檔案化的世界就是他的世界。他的工作要照顧
（監管）十三名受刑人，他們是他的生活，而不是外於他的。
畫作呈現了獄卒的生活世界，而非犯人的，我們看著這些照片

大小的畫作，感受到獄卒的工作內容，透過獄卒的眼睛看到獄卒的工作場景而非犯人的行為，畢竟這些行為日復一日的重複，單調缺乏變化，擔任監管工作需要仔細看護囚犯，在機械化的慣習找到差異的意義。犯人真正的生活在他方，我們只能看到他們的自由而非限制，他們行為的展示而非靜默，他們身體的曝露而非隱藏，他們的主權不在自己身上，也不在獄卒的眼光中。這是全控機構中的部署完成的視線牢籠。

也許正是這樣，展覽在學院中展示顯得促狹了。想像一下，如果這樣展覽放在社區藝術中心會引起什麼樣的反應？社區居民可以感受到「他者」的生活，那些「罪有應得」的報應，好奇的窺視，將藝術家的眼睛當成權力懲罰的眼睛，這種誤讀當是畫作最能引起人群興奮的效果。在藝術學院裡，經過高度技術訓練與藝術倫理的要求，學生會關注特殊議題展示的揭露性，要求展場的完整與概念，頂多伴隨幾聲藝術家技術不足的咕噥。或者剛好相反，急切地擁抱不帶貶抑有點小感覺的文青風情，呼應了心中不可牴觸的人道主義與人權主張，畫中的異世界正好是學院機構的化外之地，是年輕學子的西方野地。不幸的是，他們無法區分真正化外之地恰好正是這些畫作最缺乏之處。因為林文蔚除了展示了自己的生活外別無其他，他的作品價值正在於他展示了自己日常生活的重複困境，是全控機構中管理者的疲勞、感受、困頓、停滯，而非犯人的，他描繪並投入感性的話語，是這個特殊的職場的感受，林文蔚看似自由的抒發，卻是身陷囚牢的。

在台北的展示結束後，林文蔚的作品將移至高雄的搗蛋藝術

基地與黑道大哥黑金城的作品一同展出。我們有機會看到全控機構中兩個角色的對峙。

黑金城，台灣黑道分子，曾任竹聯幫文武堂堂主，有「北盜」、「帥盜」、「盜帥」之稱，與人稱「南偷」的辛逸民等人曾結合強盜集團，以專門竊取保險櫃聞名於1970年代，擅長開啟號碼鎖，常以銀樓、鐘錶行為犯案對象。2011年刑滿，開設「黑的文創」公司，出版四格漫畫集《牢騷》。相對於林文蔚的「只能」觀看的自由，黑金城筆下的《牢騷》，是幻想自由的實踐，因為身體成為監控管制的肉體，所以自由便是腦中的行動主義，以對抗日復一日的無聊和專制化生活。他以老夫子漫畫幽默的方式畫出牢房中百般寂寥的各式妄想，以自我調侃的口吻記錄並反抗獄中生活。內容異常出格，自成體系，從入獄前至出獄後的心情，是一部風趣的內在自傳，以及監禁房內與房外兩種人的互動關係。黑金城十二年的牢獄生活所發出的苦悶牢騷，是林文蔚兩年的觀察中所無能掌握的。

他們的生活，是厄文‧高夫曼（Erving Goffman）著名研究全控機構《精神病院》一書裡描述下的產物，他寫道：「全控機構為了收容者安排了整天的行程，意思就是說，被收容者的一切基本需求都必須事先加以規劃。不論他們被賦予的工作動機為何，這樣的動機並不具有它在外面世界所具有的結構性意義。他們的工作動機以及態度各有不同。被收容者以及誘導他們工作的人員都必須做出這種基本調整。」

無論獄卒還是受刑人，從正常世界帶來表現性文化，一種

生活方式，終將在全控機構浸沉改變，然此環境也創造了一些獨特的經驗，確保了某種被容忍的自我概念，以及一些抵禦行為、自我斟酌的自由，以便面對貶抑、衝突與種種挫敗。無論對於獄卒林文蔚還是受刑人黑金城大哥而言都相同。這正是高雄展覽名為《悶》的原由，人們的心靈受困於門內，會生產對應之道，藝術在很廣泛的意義上，不正也是由此而生？

——原刊於《今藝術》2013年一月號。

# 走出雙展辦，
# 看見幸福（大廈）

每次威尼斯雙年展的決策都會引起一陣波濤。2009年「威尼斯雙年展台灣館」決定不再徵求民間策展人參與，改由雙年展辦公室主任總策劃，負責主題、名單和執行事件，引起強烈反對，反對菁英徵選制度被取消而由寡頭決定。最後雖有修改，但為決策背書的雙年展策展人團隊持續擔任評審委員，其中一人也成為2010威尼斯雙年展台灣館的策展人。而這次的爭議，則是對於2009年維持表面民主形式答案的再次審視：有評審，有徵件，但為何此種三分之二是外國藝術家的方案會出線？

對我來說，此番爭論中有意義的問題是，威尼斯台灣代表隊要代表台灣的什麼？走出台灣又意味著什麼？現在討論策展人呂岱如的計畫太早，畢竟主題未定，然回應藝術圈的共同焦慮卻仍有機會。

如果你離開了台北，台北的圓山，走到永和中和臥房城裡看看，台灣的主體性全部藏在這彎彎曲曲擁擠不堪仿效霍華

德（Ebenezer Howard）「花園城市」（Garden City）⓲的城鎮裡，他們白日進城工作，造就了台北的繁華，然後過河渡橋回家睡覺。在臥房城中，你左轉、左轉、再左轉是回不到原點的，這是一個變形的花園城市，變形的圓形道路系統，變形的台灣後殖民現實。往北走，從大稻埕到三重圓環形成了台灣六、七〇年代的商業通衢，帶動了本土消費的成長，是台灣早期經濟交換系統成熟的現實。往南，你便踏進由蘆洲、樹林、龜山，連結到桃園、新竹科學園區的台灣八〇年代經濟起飛的長廊，這些高科技零件加工城鎮，如同台北縣泰山鄉的美齡工廠，曾在六、七〇年代製造出無數比例完美衣著光鮮、伴隨著歐美白種小孩成長的芭比娃娃一般，餵養出八〇年代台灣電子業的勞動大軍與半技術勞工。無數像樹林的東菱電子這類的工廠在這裡造就了台灣的幸福，這裡有著新自由主義所有的現實，台灣自1984年俞國華宣布自由化與國際化的起點與結果。東菱電子在1967年就生產語言學習機，七〇年代末就生產組合音響、唱盤、加上收音機。它的英文名字可能更響亮些，電子新貴手上的筆電，或者超薄液晶螢幕大電視的商標：Toshiba。在東菱電子惡性倒閉後，部分員工「接管」廠房十年有餘，部分員工轉移到英業達與藍天兩家筆記型電腦工廠工作。從1997到2000年，藍天一共資遣了三次，生產線逐步移轉到對岸。這對台灣來說並不是稀罕的故事。

真正走進樹林，高科技加工區與低科技手工業地景滿布眼前，走到陳界仁藏在木工家具製造廠區裡的「幸福大廈」片場。這裡，他組織了一場由各方人士勞動而成的場域，藉由學做工與作藝術來完成臨時社群的打造。他讓組員互相拍照記

⓲霍華德（Ebenezer Howard）提出的一種將人類社區包圍於田地或花園的區域之中，以圓環形向外擴散，平衡住宅、工業和農業區域的比例的一種都市計畫理念。

錄，成為作品的一部分，人們的真實故事以「在地流放」之概念進入了美學化的劇場拍攝中。對我來說，這具有無比的衝突，一個頗能會意地方感的場景與真實相距如此遙遠，而作品又美學過了頭與日常生活經驗的痛苦毫不相稱。場景與地方，作品與日常生活，在藝術家設計的場域中既衝突又辯證地對立。

在現實裡，「幸福」大廈是離樹林最遠的距離，而片場場景裡透過資源回收搜集來的物資重製的房間卻如此刻意地廢置。現代人的生活如此地快，我們被好萊塢培養出來的感官如此地適應刺激和接受完整的故事，然陳界仁的作品卻出奇地慢，慢到你幾乎要非常痛苦地忍耐而且接受片段不完整敘事的折磨。而這不就是在地流放的整體感受嗎？片場在樹林而不屬於樹林，演員在演自己的故事卻無法完整交代生命經驗，我們在我們的身體裡而身體失去自主，我們用好萊塢的感官來度過日日夜夜，在此卻只能感受到彼。流放就是無處可去，而非逃離，我們並非被放逐，而是被丟棄，新自由主義是棄置的政治，流放是無器官的身體。這個感受是台灣的，也是全球底層人民的感受。

陳界仁當然知道要逃脫景觀社會的批判不能僅用社會的景觀回峙，所以他會持續發展關係圖、搞座談、不是談抵抗的藝術而是革命的藝術；但首先要認識到，藝術生產不僅只是作品的生產而已。要尋求的不是如何代表台灣，或者如何與國際潮流接軌，而是提出我們對全球化現實的診斷，提出台灣對全球化的看法。是拿回身體與感受，是拿回地方與觀點，而不是在威

尼斯普契尼宮中搞場公關秀而已。國際藝術場景中好笑而步履
蹣跚的跟屁蟲何其多，我們何須湊數？

——原刊於《今藝術》2012年十二月號。

# 伊達邵的歌聲

日月潭伊達邵的邵族過年，是公共生活，為期一個月。尾祭
當日從黃昏五點半首祭者宣布開始，先以豐盛食物收服觀光客
的胃，年輕帥氣的主祭者們前後搭肩舉著日月盾牌走進第一場
家門，吟唱祝福，接著走出來，邀請所有人參與跳舞。歌聲節
奏從慢到快，最後成圈狂舞，唱完後享用這家人準備的酒食，
接著下一家戶的煙花升起，人們又走進下一家戶，就這樣挨家
挨戶地吟唱、邀請、成圈飛舞、享用食物，在伊達邵的邵族共
五十一戶，尾祭會進行到隔天凌晨四點為止。

每個家戶前有祖靈籃的，都有歌聲、舞蹈、祝福與食物，每
個族人都互相祝福參與，聽說七十歲的老祭司在歌曲裡還會將
族人的名字一一唸過，編入歌曲中。就算挨家挨戶走完了，歌
聲仍盈盪在潭面，進入每家人的夢裡。

這場祭典比想像中聰明，更為「公共」。日月潭是個觀光地
點，陸客滿溢，而每年豐年祭更是人潮擁擠。這祭典不但是族
人的豐盛儀式，也是邀請客人認識邵族熱情與文化的場合。邵

族人聰明地邀請觀光客參加,酒食侍之,飛舞成圈時,有時成為三圈,核心為族人,最外圈則由族人邀請客人同舞,並有教學與提示,舞圈之外還有人注意飛舞的觀光客不要被摔出去。現場景況看來擁擠卻有著清楚的秩序,而這路線則是由族人會議共同討論出來。無分老少男女,觀光客進入了一個被歡迎、學習的公共文化生活,除了車錢外,你無須花一毛錢。這樣一場一場,到了凌晨十二點左右,賓主盡歡,觀光客也被搞掛了。接下來的吟唱就變成族人自己的聚會,這時舞跳得熱烈,歌聲勃發,成圈的舞真的飛了,飛得整個山谷潭邊盪著歌聲,比月光更美。

這場「嘉年華」無需政府預算,無需明星晚會加持,無需委交公關公司,付費行為降到最低,但「公共空間」條件齊備:有他者在場,同一空間,善意邀請、聆聽與學習、自由表達。參加的觀光客也紛紛穿起邵族服裝,一起加入,有的年輕觀光客,臉上模仿黥面,蓋上「賽德克發財」的圖案章。透過挨家挨戶的吟唱與公開的參與,我見到邵族的年輕人正在學習並發揚自己的文化,唱出族人的歌曲,並驕傲地介紹自己的文化給觀光客。

七月在日本京都的祇園祭,一樣一整個月,則是另一種公共生活。這個日本三大祭典之一的祇園祭,每個儀式保留完整,仿若百年未變。所有的細節與抬轎人都需經過訓練,有嚴謹的程序步驟。這是拒觀光客於外卻極需觀光客注視的祭典。京都人驕傲展示其生活,祭典期間和服穿梭巷道和緩慢曲折的歷史,金閣輝映百名寺,花見小路與八坂神社交織著傳奇與商

品。觀光客積極參與的方式則是穿上和服，擁擠著站在街角看著山鉾巡行在轉彎時展現的繁複指揮手勢，和神乎其技的同心協力技術。這種儀式的參與是觀賞性的，儀式本身是展示性的，全民參與卻唯有少數人可「表演」。傳統祇園祭的貴族遊行與招呼遊客的設計兼顧了「原汁原味文化」所內涵的階級成分和大眾化的要求。京都鮮少公共藝術，有了公共生活，何需公共藝術？

然而並非所有文化，特別是菁英貴族的文化，都可像日本這樣被保存或有理由保存。由是，我更珍惜邵族的過年。這幾乎是一種典範，在現代國家暴力與邵族自身的歷史災難中，巧妙地平衡了不可避免俗豔化的觀光祭典與嚴肅儀式裡所想要延續的傳統文化。邵族的尾祭裡沒有表演，或說參與者每個人都是演員，身在其中，涉及了所有人，你用歌聲與身體參加，而非眼光而已。

伊達邵的歌聲是帶領人們認識祖靈與文化的居所，無論是邵族人，還是像我一樣的觀光客。

──原刊於《今藝術》2011年十月號。

# 我想寫本什麼都沒有的書

　　成名於法國重要革命階段（1830－1872）的小說家福婁拜
（Gustave Flaubert）曾經發過豪願：「我想寫本什麼都沒有
的書。」當然，此豪願無法實現的原因是因為形式與內容的
不可分割性，我們無法想像一本只有文字形式但無涉任何意
義的作品，也無法想像沒有任何意義的書寫文字。福婁拜並
不孤單，另一位著名的浪蕩不羈詩人波特萊爾（Charles-Pierre
Baudelaire）也說過類似的話，他說：「我們在資產階級和社會
主義這兩個相反的派別中看到相似的錯誤，真令人難過。說教
吧！說教吧！這兩派都以一種傳教士般的狂熱叫喊著。」

　　對那時代像樣的藝術家來說，局勢逼使他們開創新的領域以
突破重圍。右邊是資產階級藝術（bourgeois art），那些拿著法
蘭西學院年金的藝術家、廣受資產階級愛好的劇作家、麻醉大
眾的通俗喜劇作家、以及酒醉金迷樂於在沙龍盤旋，將社交關
係轉化成金錢的御用藝術家們；左邊則是以拉丁區為主的年輕
藝術家、窮學生、無政府主義者如布列東等人所代表的社會藝
術（social art），強調藝術為人民服務，藝術應具社會批判功

能，在革命氛圍中拒斥皇室與法蘭西學院的「獎賞」。

對於福婁拜與波特萊爾來說，唯有透過否定上述兩者方能開創自己求活的空間。他們皆是家道中落的資產階級，靠父母輩的資助或遺產過活，既不屑那些擁有豐厚年金卻巴結皇室的人，也不甘心如年輕藝術家落魄不羈三餐不繼卻高調宣揚藝術的社會性。一如福婁拜發出的感嘆：「應該為藝術本身而愛藝術，不然，幹什麼都比這個強。」然而，他們的拒斥看起來很矛盾，當波特萊爾被提名為法蘭西學院的院士時，他不但央人寫推薦信，出席時穿得比任何他嘲笑過的資產階級藝術家都來得正式高貴。福婁拜則在《包法利夫人》出版後獲得巨大的名聲，稿約不斷，比同期那些他不屑的劇作家有更多邀約。

他們贏得「藝術自主」的宣稱恰好落在資產階級藝術與社會藝術相對應的場域中間，他們無須交代「藝術」是什麼，只要告訴人們藝術不是什麼就行了。而這個「為藝術而藝術」的想法仍統治著全球大部分的藝術生產信念，儘管修辭日益繁複，但骨子無異。

拜讀2011年《今藝術》六月號陳泰松先生（下稱陳文）〈走出行列，想像著一種偏行的可能〉與高俊宏先生（下稱高文）〈抵抗產業與鄰人效應〉的文章，我肯定他們獨特的「解藥」，但有些仍值得進一步商榷。

陳文訴諸藝術的自主性乃是境遇主義式的「偏行」，一個不在對抗的語境中「在那裡，卻又不守在那裡的張力形象」。以

免藝術的自主性被收編，從而創造藝術自身的事件性。然而，這種擔心是消毒式的後設。「向日葵反核遊行」是藝術家（團體）作為公民身分的參與行動，藝術家（團體）與一般市民團體一樣，只是就特定事件表達意見，為何不可？如果我們無法同時以一個藝術家與市民的身分，對社會事件表達意見，那麼社會運動者與公民又何必關心北美館近來引發的爭議呢？對社會的主張不能僅是「參與」而更應該是創造或表達，這不恰好是藝術專業經由排除而保障自身「自主性」的主要徵候嗎？我相信陳文本意並非為了藝術圈長期自閉現況的說詞，然而對於速讀的讀者與新保守主義的藝術家來說幾乎是最好的堡壘了。文中所舉的陳界仁和余政達的例子固然是美學政治化少數的好例子，卻也容易讓藝術家懷念起「自主性牢籠」裡的溫暖而忘了失去的不過是枷鎖而已。

高文則擴張了（而非保證了）劉秋兒的豆皮咖啡館在高雄倡議的一系列文化行動的「獨白」與「無效」特性，強調他認為的藝術性該有的「獨特發聲位置」。高文強調「藝術總不能只成為社會運動的美術道具或生產社會運動需要的漫畫壁畫」，重點在於「鬆動」，而獨白與無效則是一種反資本主義與被工具化的策略。高文也強調批判立場應經由長期在地觀察，否則容易淪為流行的手勢語法或者公共空間私有化。我既驚訝其文描述也駭於其結論。按照高文的邏輯，我們無能關心日本核災，不能反G8或者反WTO，不能關切東部美麗海岸的BOT案，我們應對非親臨之地一律禁語（甚至高文也得不書寫才是），免得趕風潮搶鋒頭，若親臨了最好還是徒勞式的「獨白」才成。然而現今的反全球化運動哪一個不是全球化的組成呢？現

在的社會運動早就是團體各為其目標而策略性組合的行動,近幾年的秋鬥與反核遊行是最好的證明。劉秋兒及其鄰人默默地實踐,卻沒有吸引更多「外面」的人加入,然而在「打狗驛行動復駛計畫」中高雄市民有許多人也加入連署聲明,卻也非劉秋兒及其鄰人可獨佔成效(我相信他也不會)。所以是鄰人發揮效應,還是關心此議題的人會選擇適時地加入表達呢?

我們在乎社會或如何在乎社會是個假問題,無人可外於社會。每種宣稱都是創立專業場域的步驟,否定藝術是某種結構從屬物總是當代藝術最繁複的讕語。無論是透過獨特的美學政治化來保證藝術自身事件的完整並避免工具化,或是透過「獨白」與「無效」來強調美學的抗爭性,都是相對於既定結構的否定而來。這些話語和一百年前福婁拜的豪語「我想寫本什麼都沒有的書」如此相像。陳文強調的是「我想寫」,而高文強調的是「什麼都沒有」,而福婁拜忘了,這終究是一本書。

——原刊於《今藝術》2011年七月號。

# 艾未未與藝術的第四種含意

　　藝術（art）一詞源於拉丁文的「ars」，原有四種含意。第一種留存至今，即大眾對「藝術」一詞的普遍認識，是技巧、方法與技術；第二種指的是一種專業或職業，如藝術家；第三種是當其具體化後，即為作品；最後一種，指的則是組織領導及行動的方法。最後一種含意，長期被藝術家與展示販售藝術家作品的機構所忘卻，相對來說也最常被行動者拿來重新定義：藝術就是讓人們手拉手一起完成一件事情。對行動者來說，藝術不是將文化行動或者社會運動努力的成果變成作品或展覽，而是出現在行動的現場，以及那些標語、行動劇，充滿想像的抗爭方式與組織人們表達意願的魔術。

　　艾未未在今年四月五日被中國政府逮捕後，引起國際媒體與藝術圈的關注。在此之前，他早就是中國最轟動國際的藝術明星了。不管透過那些紀念性的雕塑、挑釁的攝影、大膽的裝置作品，抑或以個人日常生活為主的數位網路記錄、鼓動自願者對汶川大地震死難學生調查的活動、自我揭發被警察毆打住院，以及冷眼旁觀錄下上海工作室被中共拆毀的記錄，艾未未自是中國最膽大妄為的藝術家與挑釁者（provocateur），

最牛逼的文化品牌。他自己說,「就像是一個代表自由思考與個人主義的文化品牌」(like a brand for liberal thinking and individualism)。有人說他不過是最賣力促銷歐美對中國恐懼想像的銷售者(a big promoter),有人則說他改變了人們慣常的思維模式,讓他們看到真相。

他賦予推特(Twitter)與數位相機獨特的藝術能量,推特成為他記錄當代中國暴政的路徑,而數位相機成為最好的生產工具。他將日常生活變成對抗的戰術,將藝術變成組織與行動的方式。他成功地用一種時興而又完美的方法把握中國人民苦難,使它也成為可享受的物件。如果攝影的經濟作用是透過流行的加工方式提供大眾消費的內容,那麼,網路突破了地域限制,即時突破了封鎖與轉譯的遲滯,艾未未日常生活攝影的政治作用則是用流行的方式對現存的中國進行內部挑戰。

中國逮捕艾未未恰好證實了藝術的第四種含意仍然有效,而且是最令統治者害怕的力量。相對於同期也是北京電影學院的學生張藝謀與陳凱歌來說,艾未未也曾爬到與他們同等地位的高峰,如與瑞士的建築事務所赫爾佐格和德梅隆(Herzog & de Meuron)合作設計北京國家體育場「鳥巢」,如今卻落到他們無法想像(或者不願想像)的危險困境中。兩者都不易,但歷史很難給予相同的評價。

在艾未未被中國政府逮捕後,泰特美術館(Tate Modern)立即在其臉書粉絲頁放上一張泰特美術館建物標示巨大「Release Ai WeiWei」(釋放艾未未)標語的照片。台北美術館身為邀請的主人,則在艾未未原本要來台灣協商年底北美館的展出卻在

機場被捕時選擇沉默。館長謝小韞在台北當代藝術中心的發言中只說：「我們希望年底的展覽可以順利推出。」她關心的是展出，而非藝術。

中國現在急著透過境內媒體尋找各種理由，多以經濟犯罪來誣陷艾未未，台灣則急著推銷莫內（Claude Monet）、夏卡爾（Marc Chagall），或莫迪里亞尼（Amedeo Modigliani）。兩岸其實很接近，政治的理由與經濟的理由都可以是折磨藝術的方式。赫斯特（Damien Hirst）耗費四億台幣的福馬林鯊魚、村上隆一億日圓的大公仔、北京的宋庄或台北的華山，都是消滅藝術的「其他可能」。新自由主義經濟上的藝術消費與中國政治上的藝術鎮壓是同源的，前者由市場主導美學感知的經濟投資，後者讓政治決定美學感知的表現範圍。

台灣不再有高壓政治讓我們注意到藝術的第四種力量，過度自由與補助政策讓藝術家都很忙。年輕藝術家有著自己對未來的籌劃，長官們忙著自己的聲譽。但不要忘了，自由不是為了讓我們習慣，而是讓我們有機會對不自由之事伸出援手，補助是為了讓藝術家們有條件成為解放的力量，而不是等待解放的部隊。

還好，我從樂生的鋼彈❶、反國光石化的「蚵報」與百衲旗、反核廢核等各種充滿象徵想像力的文化行動事件中，感受到那些在台灣藝術機構中不存在的力量，那種值得在拉丁字藝術（ars）之內重申的含意。

——原刊於《今藝術》2011年五月號，後收錄於《誰怕艾未未：影行者的到來》一書，台北：八旗文化。

❶ 2007年三月二十九日，樂生青年突發奇想，想將在花燈節剛展示完的鋼彈運到樂生院，理由是政府不保護樂生院，鋼彈會，於是「鋼彈護樂生」行動產生，樂青聯絡上鋼彈作者，當時是北藝大美術學院助教的培旭一口答應，於是透過搬家公司便將鋼彈運到了樂生院。

# 玻璃底片上的西方眼睛

　　高美館展出了約翰・湯姆生（John Thomson, 1837–1921）的
「世紀影像特展：福爾摩沙與亞洲紀行」。應該熟悉卻陌生的
影像衝擊著我，原來歷史的瞬間是這個意思，但又不止於此。

　　我很好奇，一百四十年前，誰可以在攝影技術發明沒多久之
後就帶著沉重器材，克服沒有暗房沖洗的環境，加上異國語言
的調適，為我們打開一百多年前打狗與平埔族的風景？

　　1871年，約翰三十八歲時被他的好朋友，即那時在台灣南部
打狗旗後行醫和傳教的馬雅各（James Laidlaw Maxwell, 1836–
1921）醫生說服，前來台灣南方。1865年，馬雅各在台南為台
灣建立了第一座西式醫院新樓醫院。1871年，湯姆生則為打狗
拍下了世界看見台灣的第一印象。兩個只差一歲的蘇格蘭人，
一個介紹了西方醫學進入台灣，一個則透過攝影讓西方認識台
灣。

　　如果不是大英帝國的子民，很難想像還有哪一個國家在當時

可以如此熱愛地理與科學的擴張。1819年，英國人就在新加坡建立交易站和殖民地；1842年，香港成為英國殖民地。湯姆生在1871年踏上台灣土地之前，已經在東南亞生活了數十年，曾經到過中國廣東、上海、南京、廈門、澳門與泰國數次。他那時已經是西方世界有名的攝影師，1866年就因為發表〈柬埔寨遺址遊歷筆記〉一文而獲得英國皇家地理學會會員資格。

打狗港一直到1858年清朝與英法訂定天津條約時，才成為台灣地區四個開放的通商口岸之一，1864年正式開港，同年英國設立領事館，英國對台灣的貿易成長達到百分之百。

湯姆生的鏡頭便是在此歷史條件下開展，對於人像與生活有獨到的透視，兼具標本的精準和肖像畫般的細節掌握；對地景則有十八世紀風景畫派的擬畫（picturesque）框架技術與構圖。

我並無不敬之意，畢竟對於一個熱愛旅行與衷情於人類學、地理學的光學專家，沒有比這更好的讚賞了。例如〈平埔族獵人〉（Native Hunters, Formosa, 1871）這張照片，想像湯姆生將玻璃底片塗好繁複藥劑後，趁底片還是濕時裝進巨大的攝影機內，然後透過挑夫或翻譯請三位勇士站好位置、擺好姿勢，中間的長者微向左方凝視，右邊年輕勇士則側身正對著長者，另一名看來更為年幼的少年則蹲踞在長者的陰影下，一手搭在烏亮的台灣土狗的背上，然後對焦按下快門。照片裡有一切打獵需要的秩序規範，長者為首，成年人追隨輔佐，以及象徵工具（照顧狗的少年、土狗，與看不出來是長槍還是槳的武器），但三人卻是站在竹編的家屋前，是獵人的社會秩序而非

生活的展示。另外一幅令我感興趣的是〈平埔族人〉（Natives,
1871），九個人分成兩排站在乾淨漂亮、以茅草為頂、竹子與
土為牆的家屋前，四男五女，四坐五站，前四後五，沒有一個
人看鏡頭，服飾、站姿（有的就如西方肖像畫常見的一腳微屈
和雙手交叉前胸）、坐姿無一相同，讓人以為這是某個博物館
裡的蠟像館，盡可能重現了平埔族的男女服裝樣式。類似的組
合也出現在〈原住民〉（Natives, 1871），或者更早的〈滿清士
兵〉（Manchu Soldiers, Canton, China, 1869）。

　　面對風景時，湯姆生則選擇了擬畫式的框景。〈打狗港〉
（Ta-Kow Harbour, 1871）由英國領事館俯瞰哨船頭，焦點為
現代化商埠中的商船，另一張〈打狗港〉（Ta-Kow Harbour,
1871）則從壽山俯瞰，展示了熱帶的風情與沿岸漁村。〈浪中
捕魚〉（Fishing in the Surf, 1871）則記錄了打狗港漁夫的捕魚
情景，在1970年代的旗津，仍可見此種捕魚方式。三張都是如
明信片般的，兼具科學記錄與美學要求，沒有任何破壞構圖的
多餘，留著勞動姿勢但去除勞動力的身體。

　　湯姆生的眼光既是為了西方編纂東方目錄的科學展示，也是
為了證明東方的普遍人性。如果你要編本植物圖鑑，最好是按
照分類學歸納記錄所有細節；如果要編纂一本社會學，你就需
要展示社會秩序和秩序下的靜態細節，以及情同此感的體會。
〈平埔族獵人〉和〈平埔族人〉無疑是展示社會秩序與細節
的樣本，在〈木柵女人與嬰孩〉（A Baksa Woman and Child,
1871）這張照片裡，女人眼睛毫無畏懼，溫柔勇敢的直視，讓
人們幾乎看到了（西方）母親共同的堅毅的神情。

　　湯姆生的地景照片中，人們總是客體而非主體，這與西方圈地運動之後的風景肖像畫中的主角有很大的不同，他們主宰土地，風景是其財產。然在〈乾季時節的荖濃溪〉（la-lung, Formosa, 1871）中，人只是證明此時此刻的物品。同時，〈荖濃〉又像極了托馬斯·庚斯博羅（Thomas Gainsborough）的風景畫。美學構圖是一樣的，只是人在畫中的角色與功能不同了。

　　這也許就是當時西方看待東方的眼睛。東方需要被理解、被擺布，以便被記錄。

──原刊於《今藝術》2012年八月號。

# 留住一切親愛的！

　　王爾德（Oscar Wilde）在喟嘆十九世紀初充滿奢華矯情俗事的巴黎時曾說過：「人們都知道事物的價格，但不知道事物的價值。」王爾德與自己筆下悲天憫人的快樂王子童話是一致的，作為歷史上第一人因同志之愛而上法庭公然抗辯的美德是一致的，他為了自己的慾望與性自由挺身而出，兩年獄災苦役，猶如燕子替王子打開了真實世界。他死後葬在巴黎拉雪茲神父墓園中，按其詩集《斯芬克斯》（*Sphinx*）中的意象雕刻成了一座小小的獅身人面天使像，上面布滿世界各地年輕男女的唇印，各國語言寫成的「我愛你」見證了他留下的美麗詩句：「我們都在陰溝裡，但仍有人仰望星空。」

　　近兩百年後，面對後現代理論淪為快感、身體、性傾向等看似多元實則將普遍價值私有化成狂喜圈地之際，素以鋒利批評的伊格頓（Terry Eagleton）則在《理論之後》（*After Theory*）中感慨地指出：「他們都知道事物的價值，但不知道價格。」後現代理論與文化研究學者幾乎對有關身體與慾望的價值都可琅琅上口，卻鮮少人提及勞動，幾乎沒人知道市場上一斤蔥的

價格。他反對只有自己而無他者／社會的快感，因為快感本身
不會革命，快感在歷史上向來是資產階級的專利。伊格頓在世
人熱情擁抱後現代理論的時候卻擔憂其批判意涵的消逝。同樣
地，在世人幾乎放棄馬克思的時候，他卻寫了《散步在華爾街
的馬克思》（*Why Marx Was Right*）為其辯護，因為沒有什麼時
候比現在資本主義對人與環境的破壞更劇烈的了。

　　現在，中國與台灣的藝術圈／理論都忙著擁抱法派哲學大
腕，阿岡本（Giorgio Agamben）、巴迪戊（Alain Badiou）、洪
席耶（Jacques Rancière）、紀傑克（Slavoj Žižek），急著將自
己的藝術家與藝術品送上全球藝術市場，ABRZ幾乎就是藝術／
理論升天的術語詞庫。善用這些詞庫，很容易將藝術品與理論
送作堆，所有的藝術品都是法派理論的居所，管它們是歐美社
會還是第三世界亞洲現實裡生產的藝術品。只要你用法語，或
者像紀傑克那樣不標準的英文腔調，無須關注理論生產之地的
歷史社會脈絡，旅行到台灣後的理論就好像畫廊被貼上紅點的
作品一樣，是個掛畫的巧妙技術。人們可以大方拿著各種銀行
基金會的大賞，就好像用法語說話一樣自然，無須理會藝術的
生產方式是如何適應新自由主義的偏好，把藝術家不世出的天
賦與敏感作為價值核心，用理論賦予形式意義來創造價格，把
神話化的藝術以最繞口的方式重新加密一次，用吾人可以想像
到最怪異的形式將王爾德眼中的價值與伊格頓口中的價格綁在
一塊。

　　重要的藝評家約翰·伯格（John Berger）在歷經「九一一
事件」、「七月七日炸彈客事件」，親眼目睹巴勒斯坦的反

抗、中東地區的重創流離後寫成《留住一切親愛的》（*Hold
Everything Dear: Dispatches on Survival and Resistance*）一書，
就像是對王爾德與伊格頓在藝術圈做出最好的回應。他仍樸素
地堅持藝術評論者就是要談論「能夠伸張其社會權利」的藝
術，他不書寫有趣之事，而是重要之事。他的書寫就是藝術在
俗世裡最美麗的力量，除媚解密，去讞語，卻最像紀傑克在佔
領華爾街運動時的發言，最能凸顯阿岡本在藝術場域理解的
「例外狀態」與「藝術力」。

　　敏感優秀的心靈總能掌握當代的歷史性，並直言以對。他們
都是留住一切親愛的忠誠者。

──原刊於《今藝術》2012年六月號。

# 無關佔領，
# 只是無聊的小確幸而已

　　近二十年，台灣的藝術與社會運動關係，老實說就是從小反動到小確幸的歷史，若談到「佔領」，就是爬上枝頭或者纏綿地下的位置戀物癖。

　　由最近一次年輕人自行舉辦的反核遊行便可見我們短蹻的歷史。這些相對進步的年輕人們複製了日本與西方世界的歡樂版本，一邊反核一邊卡車電音趴，沿路發啤酒，在街頭舉行龐克音樂會，以一場耗能不環保的遊行來確定自己反核的位置。這好似台灣藝術家進入社會運動場域的寫真，只是相較於素人運動者，藝術家的行動更為隱晦，理論（通常是法派）就是他們的啤酒，而策展論述則是他們的街頭龐克音樂會。他們用說的現身，用現身核實參與，用參與確定立場，然後躲回到自己的領域，慶祝這一與眾人共同創造的奇蹟。在那些被保護得很好的學院或者美術館中，激進是幸福的，反叛是清新的，而與社會發生關係則是值得讚美的曖昧。

在台灣學運初期，小劇場改變了運動場域裡頭的布條與口號的腳本，另類刊物如同從校園裡爬出的怪獸反擊政黨與主流媒體。這種反叛是由政治解放帶來的，但絕不能反過來說。1990年之後，噪音開始洗刷搖滾的肛門，而搖滾則在地下蔓延集結成為音樂祭，免費的電音派對佔領荒地工廠，女性電影節與劇場節加上學院裡的激進女性主義者打著父權巴掌，藝術家上街頭佔領北美館反對館長任命黑箱作業，替代空間成為美術館的另一種選擇，這個階段的小反動以「另類」一詞安身立命。在2000年前後，電音派對變成公部門的公辦舞會，音樂祭制度化成為每年度的文化週年慶，自由飆車的年輕人被吸引到府前廣場追隨偶像，丟了他們的金屬雄壯排氣管換上「××我愛你」的車牌，戶外電音趴變成夜店。1996年國藝會成立，1998年「公共藝術設置辦法」施行，2000年台北市文化局成立，藝術家從自主經營的替代空間到排隊申請補助，或成為公共藝術的接案者。策展人出現，藝術家等著被拍賣與簽約。街頭平息，另類流行，而藝術圈洋溢著小確幸。

以前，藝術家還會在政治所打開的縫隙中努力現身，被推著前進的他們總也能獲取正當性；在上個世紀結束之前，他們索性放棄第一時間的參與，成為最後收割者。當一波波違建聚落被清洗成現代的中產階級需要的公園綠地與住宅時，他們多半噤聲，成為我所謂「三階段打造品牌地景」的最後一批人士。這打造地景三階段的故事很簡單：無論是違建聚落還是古蹟，總是先由社運人士開始保存與抗爭的運動，無論成功失敗隨即進入第二階段，由建築師與規劃師出面，將古蹟修復或者違建拆除，最後藝術家上場，在這些被權力與資本佔領之地，與公

部門借手舉辦藝術展，或乾脆自組團隊在台灣都市更新的轄下成立藝術中心或者包裝建商的樣品屋成為明日美術館。讓前任台北市文化局局長、現任文化部部長龍應台一直讚許的寶藏巖（她之前還幻想寶藏巖可以成為希臘地中海的白色小村，只要將建築都塗成白色就行），或者因為電影《艋舺》而火紅的剝皮寮都是如此。藝術家不參加當下的抗議與保存，而在事後「佔領了」所有好處。

　　無論藝術家們如何在街頭上搔首弄姿，一旦他們以藝術家的身分出現，就勢必成為某種無用的政治展演，除非他們放棄自己藝術家（那種可以無限並隨時變換姿態與選擇）的身分，開始如同市民般地站出來並且受苦。藝文界的抗議、連署從沒有什麼特別，也許最特別的是市民在街頭抗議時經常遭到訴訟與警察暴力，而藝文界則在抗議之後增添了自己的象徵資本。一個社會可以沒有藝術，但我無法想像沒有社會的藝術。如今，當藝術家宣稱自己關注社會時，我們竟然還要為他們的小確幸與正當性鼓掌，情何以堪。

　　是的，最大的佔領行動總是由資本與國家領軍的。但是人民佔領的空間游擊總是提醒藝術界人士，最偉大的藝術都是在行動中出現的，而非相反。現在，台灣開始出現了一批藝術學院的學生關切都市更新帶來之不義的資本積累，與民眾一起開會、行動、上監察院。他們並沒有特別宣稱自己的藝術家身分，這是值得鼓勵的起步。

　　台灣街頭狂歡的行動與抗議並非如九○年代的英國那樣具有

「自己幹」的性格與明確政治性。喃喃自語的藝術行動是資本主義的剩餘而非其他,可以確定的是,喃喃自語的行動不能保障藝術家自己,遑論市民。當藝術家不僅考慮自身作品,也記掛作品可以呈現的生產過程,那麼真正改變體制的機會才會出現。例如陳界仁在北美館舉行個展的時候,直接為被剝削的國美館派遣工出面聲援,因為沒有這些清潔派遣工,那麼這些展覽不會出現。換句話說,如果將藝術作品(work of art)視為藝術生產的產品(product),任何有良知的人都不會同意生產過程中的異化而獲得展覽機會與榮譽的。但顯然地,大部分的藝術家寧願蒙住雙眼或者毫不在意,認為這無關美學。

我曾目睹一場最傑出的佔領藝術行動。因為「夢想家」那二‧五億台幣製作費引起台灣社會譁然之聲,文化界人士因而獲得權力可以質詢三位總統參選人。那些表演傑出辛辣批評的主持人與文化人的質詢一點都沒有吸引我的目光,而是在質詢現場世新大學管理學院的大樓上,一群樂生青年將幾條布條垂下,寫著「救世界遺產,樂生在走山」的布條。

這是佔領,在大官媒體雲集之下,說出了這個社會永遠沒有被認真對待的聲音。這也是藝術,在景觀社會中製造了真正的噪音。

——首次刊於於中國北京《獨立評論》2012年二月號。

# 三階段打造品牌地景密技

　　這幾乎是個不可逆反的過程，充滿各種自主性的謊言與弔詭，最後全部沉醉於更新式的資本主義。這裡，創造性的破壞已起不了什麼作用，腳本精緻地被重寫，演員都有機會，愈民主的社會愈是如此，愈是以一種協同式的精力參與其中。

　　幸運的話，我們有這樣的開始：社會運動者和認為知識生產與其目的不能分離的人們，反對基於特定利益的迫遷與拆毀，例如十四、十五號公園，寶藏巖、剝皮寮、華山酒廠、景美看守所等地方。這些地方被空間的表徵所宰制，在資本的藍圖中被給予命運，被政績挾持或被中產階級意識形態綁架，上述那群人則努力為未能發聲者發聲，努力抗拒，競逐不同的都市意義。

　　無論如何，第二階段的建築與都市計畫專業者上場，順著官方意志打造空間，或者在官方與民間協調出的版本中模擬各方意志，或者回到歷史採集樣本，新建（re-build）與重新埋葬（re-cover）。中立保存了他們的客觀性，也損壞了其專業道

德。倫理對他們來說不是議題，起碼不是個面對電腦繪圖程式
AutoCAD要思考的指令。面對十四、十五號公園，他們會完美
地剷除歷史，鋪上花草；面對寶藏巖，他們會武裝社會住宅的
理想，以美化官方所要求藝術村的縉紳化後果，並以此對自己
交代；到了華山酒廠，難得的藝術家聯盟的努力，捧出了一個
文創產業專家以及一個文創產業聯盟企業，建築師們謹慎地設
計，然後將每年上千次的地下活動變成昂貴的展場以及賦予搖
滾公司敗部復活的機會；在清朝已建的繁忙商業街剝皮寮，花
了八、九年的時間仔細重新埋葬當地歷史，給了一個全新復古
的街市，連招牌都複製得如此新穎，以至於我們幾乎忘了歷史
留給我們的樣式；在景美看守所，建築師失敗地留下了難以管
理的水池以及大而無用的廣場。空間專業者是這三階段中間的
快速道路，建築師心安理得作為一個工程的施作者，無須承認
任何罪過，只要承接案子並且誓言表現最好的專業能耐。

最後，順著品牌的需要，換個說法，就是文創產業之必需：
策展人與藝術家上場，頂著自主性意志（以不會收編，或者創
作自主的種種形式）上場，戮力完成此地方最後的歷史目的。
藝術成為當今空間化妝師的新興事業，與綠地公園的效果一
樣，成為炒地皮最經濟方式。（當代）藝術家被逼著與很快被
貼著紅點的藝術家區分，與空間專業者一樣走上承接案子的道
路，在形式上離現代藝術的表現形式很遠，但在主體正當性的
建構上，卻從來沒有離開資產階級創造的歷史。

景美看守所的一場鬧劇正是最好的示範。不同於剝皮寮開
幕藝術展中，居民抱怨「這不是萬華，不是剝皮寮」（剝皮寮

起碼還有「民眾」反應），景美人權文化園區則是一個解決三階段矛盾中重新獲取正當性的公式。這個公式，將偶有的衝突變成公部門的錯，雙方兩手一攤各自無罪退場，拿錢做事的沒錯，順便破壞別人的作品也有正義支持，錯的都是給錢的人，胡言亂語的團體鬥爭最後找到完美的羔羊❷。

藝術家既不參與第一階段鬥爭，也就從根本上拒絕了反思自身的社會位置。歷史是創作的題材，而非要參與的。藝術家宣告藝術自主性，支持團體（即便有不同的理由）的快閃行動更印證了藝術的易逝性（這是種誇讚，別誤會）。另一方面，前朝運動者則反覆支配著歷史，如同後代人們積欠的永遠不夠似地無恥索求。這種戲碼幾乎不可逆反，所有人都在其中找到正當性，以及政治正當性需要的品質與技術能力。然後，意義被確定，地方被升級，古蹟、歷史街區、貧民窟都是迪士尼樂園，都是品牌地景。

這個品牌地景揭示了另類LV旗艦店的打造過程。藝術化了的地方變成資本主義更新的最後階段，這次不僅是用推土機而已，而是讓每個人都有機會參與合約，市民變成消費者或觀看者或創作者。空間於是變成指令的意義，專案的俘虜，每個人都找到角色，並且樂見其中的衝突。因為每每在各種衝突中，他們會重建政治正確的觀點，伸張團體正義，產生論述與行動，以便走得與新形式的資本主義更恆久些。

——原刊於《今藝術》2010年一月號。

❷ 2009年十二月十日，文建會於前身為景美看守所的景美人權園區舉辦美麗島事件三十週年紀念展，遭到受難者施明德之妻陳嘉君闖入展場，並破壞藝術家游文富的裝置藝術。藝文人士於隔日在文建會前發動快閃行動以表抗議。

# 識異、交往、快感
## ——跨領域藝術在台灣

　　2006年高師大成立跨領域藝術研究所，2008年北藝大將原本的史學組、藝評組合併成立「藝術跨領域研究所」，一時之間，從人文社會到自然科學研究都在「跨領域」，國科會每年都會有許多補助的方案，鼓勵學院跨領域合作。大家心會意領，各自有譜，卻鮮少人可以說得明白，為何以及如何？

　　我2007年到高師大任教，2008年至北藝大兼課也參與了研究所的招生委員會。兩所學校取向不一，面臨的課題也不同，但從中實踐與教學光譜約可見其當前跨領域的方向。

　　「跨領域藝術」，一方面是高度專業化的藝術實踐如何與日常生活劇變的現實同感，並且回應各地從政治、文化與社會的要求；二來，也是全球藝術雙年展開始以城市行銷與政治思想（從資訊交換的權力觀點論之）取代純美學與形式的倡議，其歷年主題暗示的「觀念」、「態度」、「介入」、「政治框架」等等已然決定了全球藝術生產的格式。我們已難從傳統媒材的技法、構圖、個人主體思維來教導學生創作，除非我們在

❷① 布里歐在其1998年《關係美學》一書中,將「關係藝術」界定為「將其理論和實踐出發點定位於整個人類關係及其社會語境,而不是一個獨立的、私人的空間的一整套藝術實踐」。「關係美學」指的是「基於藝術所表徵、生產和推動的人際關係來評判藝術品的美學理論」。(Bourriaud, Nicolas, *Relational Aesthetics*, Les Presses du réel, 2002. p.112-113)按其說法,現代主義是一種陷入「對立想像」,基於衝突的藝術,那麼今天的藝術關心的是談判、連接和共存。對他來說,藝術是產生特殊社交性(sociability)的場所。

❷② 歧感(dissensus)乃為洪席耶所提出,也可視為對布里歐關係美學的批判,歧感意味著通過「不被承認者」,也即通過政治主體與既存的感知、思想和行動結構之遭遇、衝突,在可感性秩序中製造裂縫。(Ranciere, *The Politics of Aesthetics*, Continuum, 2008, p.85)

引領這些個人感覺時可以譜化出與時代連結(articulation)的方式,無論以布里歐(Nicolas Bourriaud)所謂的「關係美學」❷① 或者洪席耶(Jacques Rancière)的「歧感」(dissensus)❷②。同時,傳統藝術系所也面臨許多分殊的專業挑戰,如應用藝術、應用美術、科技藝術、視覺設計、工業設計、文化創意系、跨媒體學院(如杭州中國美院)的挑戰。在師徒年代,或許還有不世出天才可以埋頭苦幹終究出人頭地,至今不是沒有,但機會甚少,你必須學院出身,從地方獎項開始爬上國際展,到國外駐村累積資歷,最好還有些聳動的新聞,在奇觀(spectacle)年代,人民眼球的注意力不超過五分鐘。換句話說,藝術專業面臨領域內分殊與領域外整合的挑戰。

　　還有一點不那麼「勢利」的原因,在研究所教學上,美學與哲學思考逐漸取代了社會與史學課程,運用抽象概念來掌握美學感受的學生或許增進了論述能力,然對現實政治經濟框架卻越發無語,況且這些基進理論經過旅行之後通常被拔了牙,抽離了原生要解釋與改變的社會現實,變成抽象的邏輯遊戲,變成無關在地脈絡的言詞表演,或者成為解釋作品的工具,這也常反映在通篇不知所云的年輕藝術家的策展論述上,或者文氣很盛,內容力道很弱的作品上面,藝術生產陷入學院—展覽體制再生產的困境中。的確有些理論具有洞悉力與啟發,但沒有論述可以異地而適而具有普世的解釋性,這也是近來台灣一批具反思性知識分子要深掘本土,重回陳映真年代找回左翼傳統,或以亞洲為方法等等的努力所揭。藝術理論的視野是需要「重回」社會學與史學的,對在地與全球政治框架理解,是藝術為何需要跨領域的第二個原因。

　　這些難題並沒有簡單的答案。北藝大藝術跨域研究所企圖從美術造型走出,藝術跨域(transdisciplinary art)意味著從造型美學跨出,以廣泛的文化理論與空間研究來整合專業領域內的分殊現象。第一屆的學生,透過自身組織的讀書會與行動,參與了多項社會議題,如自組「干擾學院」,投入了反國光石化、小農市集、都市更新受害者聯盟,並積極參與文林苑王家抗爭,以及後來成為藝術行動小組「料理最前線」的主要成員之一等等。由於在藝術大學內,研究生來源仍多為藝術相關領域,使得藝跨所的學生仍與美術造型、戲劇、科藝等所保持緊密的合作關係,其路線也許可以視為面對專業分殊處境以策展／行動概念和社會介入重新面對生產機制的實踐。

　　高師大跨領域藝術研究所強調不同領域間的合作,跨領域藝術(interdisciplinary art)強調是藝術與不同專業合作,藝術被視為媒介、是關係性構成,是交遇。由於學生來自不同專業,藝術是呈現看法與表達內容的思維訓練,一種文化概念表達的揣摩。學生被要求進入社區做田野面對群眾,新類型公共藝術、對話性創作,空間理論與文化行動等成為課程的主軸,並以大高雄為主的地域研究／創作,如鹽埕、銀座、美濃、旗津等地,大高雄地方文化館的調查,高雄市外勞處境(與高雄市勞博館合作的《跨國候鳥在台灣──勞動力特展》與社區老人生命史的調查(高雄市生日公園的《說書人計畫》)等,並成立了「搗蛋藝術基地」來使得實踐有展示機會。亦即,讓學生以原本的專業與不同領域的人交往,重新認識自身與世界眾多不同人群、意識交會後的生產關係,企圖對在地脈絡與全球政治框架進行反身性理解。

在學院之外,重要的獎項也逐漸取消了依美術類型給賞的慣例,有著豐厚獎金的台新獎取消表演藝術與視覺藝術的首獎分類,改成不分類別,北美獎早已行之有年,高美獎雖然保留各類別的優選,但決選則不分類別。這些藝術制度生產更進一步促成了藝術內外界線的變革,從美術(fine art)變成好藝術(art of fine)的評審標準變化其實就是藝術專業對跨領域需求的反應。

由於專業生產關係的改變,界線跨越,媒材不限,行動與作品愈難區分,將會使得隱藏在從歐洲歷史前衛主義(如達達、超現實、國境情境主義、甚或七〇年代的fluxus㉓)到英美為主的普普藝術、對話性創作與新類型意識等新民主美學思維中,有關藝術創作理論的內容形式、高低藝術之分的恆久之辯會逐漸失去意義,如果還不至於死亡。而藝術生產(production of art)與支持此生產的社會政治框架的實踐將會重回藝術實踐與藝術理論的核心,這才是跨領域藝術主要的挑戰。畢竟,我們如今面對的是全球不均地理發展的政治經濟結構,以及新自由主義強大吸納所有另類形式成為商品的年代,任何一個體的美學主張或特殊創新形式要具有影響力,首要目的乃是成為思想內容之物,而非美學形式對象之物。這不是取消了形式的重要性,恰好相反,要掌握形式之連結能力,形式不再僅是組織構圖、材料、造型的能力,而是組織社群、地方、政治的共感(或者歧感)的能力。

㉓ 一般譯為激浪派,反對把藝術以繪畫、雕塑等不同領域來區分。

我建議可以從三個方向構思跨領域藝術新「形式」的方式。其一,從認同政治轉向識異政治(politics of recognition),認

同政治牽涉到的政治正確與狹隘的社群意識陷阱，使得藝術家容易陷入簡單的立場判斷與社群主流意識合謀的困境，在後現代主張與社會正義的考量中，藝術需要保障差異文化／關係的再生產，而非保障既定社群福利與為其伸張權力而已，例如，如何討論社會正義與都市藝術，為了公平城市的公平藝術（just art for just city）何在？藝術美化了城市，增進了容積率，為城市開發商帶來巨大財富，使得中產階級享用高級的美術機構，城市地價攀升，但誰真正得到了好處？誰失去了原本在城市生活的權利？許多寧願與邊緣社群合作也不願和中產階級社區與機構合作的行動者是此類代表。

其二，參與不是目的，也不是為了參與而參與，在面對諸眾（multitudes），交往不是尋求創作的題材，而是創作的本身，不是為了要替誰代言，而是認識自身與諸眾相異。開始想像日常生活對於藝術的需要，可能就已經改變了藝術製造的方法，想像尋常大眾對於藝術的可能需求，想像藝術是來自家庭，而不是來自畫廊與美術館，想像藝術來自社會運動，這可能將徹底改變藝術非常多不同可能與實踐策略。

其三，馬克思認為快感是資產階級的專利，沒錯，大部分的歡愉與快感都是特定階級的禁臠，他們有足夠的社會條件得以享用，也將他們的標準變成普同的標準，如同美學感受一樣。藝術終究是感知的形式，而新的任務將從異類、底層、歧異的快感感受出發，找到可以反對治理（police）快感的政治（politic）快感之路，找到新的而具有反轉關係能力的快感，屬於讀者的，屬於觀眾的，屬於美術館之外的，如羅蘭‧巴特在

文學理論上的提醒❷，藝術仍有待開發。

　這三種組織材料的形式並非互斥，也不是跨領域藝術應當如何的準則，我們的人生如此複雜而不會寄望於三種指標，藝術亦同。我意味著從這裡開始，不是結束或想辦法到達這裡。當前台灣的跨領域藝術，不同脈絡與學術框架的實驗也許尚未累積足夠的能量，的確逐漸讓我們見證到已經埋下種子，期待可以開出繁花異果，跨領域藝術是機制生產的重構，不是形式與行銷的完成品。

——原刊於《藝術認證》2013年六月號。

❷這裡指的是羅蘭‧巴特在〈文本的快感〉中提出的觀點，讀者應該重獲閱讀的樂趣，閱讀就是創作的一種，將讀者從文學治域（regime）解放出來。

# 誰在乎誰策展：
# 當今藝術的「歷史性計畫」

北美館自行宣布2009年「威尼斯雙年展台灣館」不再徵求民間策展人參與，改由辦公室主任總策劃，負責主題、名單和執行，引來諸多議論。

## 藝術專業的聲音何在？

首先，最令反對人士反感的就是制度（行政）力量消滅了專業力量，以自己的品味「宏觀調控」台灣的藝術出口。不過，就全台灣的美術館策展機制或公部門的公共藝術而言，哪一個不是行政力量的結果？計畫邀約專業策展人比行政部門自己決定藝術家好，承認了策展人的「專業」，但又是哪種「專業」讓行政人員得以挑選好的策展人呢？透過制度安排的專業評審來選出專業策展人，那麼專業評審又是從何而來的？仍是行政部門邀請並且願意順從的專業人士啊。台灣美學的生產早已制度化了，生產線上的老闆、工頭與工人的爭議有何新鮮？只是

因為摩拳擦掌好久的「民間」失去了競標的機會？我們就要順勢驚呼一聲「好恐怖的文化局」？

第二種，乃為尋常的清算政治陰謀。從李永萍擔任文化局局長後一連串的政治施為算起：如重新部署台北市文化基金會、接管台北藝術節等整合企劃工作、將台北當代藝術館納編旗下（造成之前的離職事件，與沒有館長只有執行總監的窘境）、調任沒有美術經驗、卻有著驕傲文化政績的謝小韞任北美館館長等等。但這種政治力量我們難道陌生？我們向來就只有文化治理，沒有文化政策，充其量，李永萍不過粗糙地（一說是有魄力）將文化治理檯面化而已。在耗費千萬的跨年晚會、元宵燈節，還有數不盡的藝術節慶從詩歌節到電影節，用來收買選票與粉飾公共事務之缺乏和政策之缺席，行政部門也不用提出任何「藝術專業」評估，連實際的效益計算都不用打算盤向人民交代，這時「藝術專業」人士批評何在？當我們生活周遭充斥著「個人化」的公共藝術作品，充斥著沒有任何實用性的街道傢俱時，這不也是「策展人」所提出「藝術圈」之美化環境方案的現實嗎？這時候「藝術專業」的聲音又何在？

老實說，我一點都不關心到底是北美館的行政人員擔綱做起策展人，搶了「民間」的生意；抑或相反，「民間」的專業策展人承接了市政府的案子，更可以將台灣推向世界。無論何者都不能保證成果，因為我們既然從未見過任何「事後評估」，自然也無須關心誰獲勝並具有正當性。既然連參與遊戲的權利都沒有，就來評斷是非，豈不是自不量力？藝術圈內的風暴，與吾人何干？稍能引起旁觀者入戲的，倒是曾任「台北雙年

展」的五位策展人為北美館的決定背書，這相互授權的遊戲非常「專業」倒是真的。

## 瓦解一個中心的概念

要我們關心藝術生產線的老闆、工頭與工人的權利，那就要看藝術對現實的階級關係還能起什麼作用。

上述這兩種運作的機制，都在於將「藝術」作為一種代償性政治：前者關心藝術的政治方案以便控制藝術市場及其選票，在政治上可以用「效率」和「知名藝術家」來填補政策的空缺；後者則以為專業價值能取代藝術創新的政治功能（起碼是當代藝術自以為可以有所政治效果）。兩者都透過代償性政治替換了藝術政治，用模糊的話語綁架了人民與藝術的關係，將真正的問題拋之在後。今天藝術成功的腳本只有兩種：市場與制度，亦即資本主義市場，與資本化了的民主社會。前者繼承從十四世紀以降，作品進入資本主義市場成為「藝術品」、為布爾喬亞提昇品味工具的歷史角色，豐收成名於畫廊與拍賣場；後者則成為論述的操作者與公部門藝術補助的常客，由學院提供評審與參賽者，制度提供空間配合演出。兩者既不會叨唸現代藝術「為藝術而藝術」的古老咒語，也不會因為當代藝術面臨全球政治的劇烈衝突與科技發展，而有著取之不絕的符號遊戲，卻不斷展場化而有所愧疚。一邊快樂活躍於私人市場，沉醉於形式主義或表現主義最高的富足快感；一邊則站在學術的高度，善用「拿來主義」取用社會的議題，進到制度內

封功授爵。兩者都比對方想像的更接近對方、更相似。

藝術如何生產與藝術如何可能無法分開看待，換言之，當今的台灣，最需要釐清的不是市場與制度的問題，而是重新建立藝術生產與藝術功能的「歷史性計畫」，亦即重建當代藝術的「歷史性」。這個歷史性得以讓我們得到整體的掌握，和浮現藝術新實踐的可能路徑，如此方能突破市場與制度的雙元因牢，也是目前台灣逐漸浮現的藝術行動，或者跨領域藝術的實踐策略。答案也許不在如楊俊等優秀藝術家所提的「一個當代藝術中心」構想，我覺得恰恰好相反，我們要盡可能瓦解一個中心的概念，以及所能聯想到關於封閉、菁英以及論述上的霸權整合體——我姑且稱之為「多孔性的戰鬥陣地」。如何營造多孔性的戰鬥陣地，比爭論誰策展有意義得多，也關係到藝術生產與如何可能的關鍵。


## 從日常生活起義

今日，湧現的藝術「歷史性」已大幅改變了藝術的樣貌與可能，考察與挖掘是當務之急。在全球語境與在地實踐上，這些展露的現實（present）大致有三個面向：

其一，快感政治下的藝術角色。快感政治是透過快感重新賦予主體動能，藝術正如杜威（John Dewey）說的，是種經驗，那取回失去的經驗就是快感政治的核心議題。1960年代的反文化運動留下了豐厚的養分與文化行動的遺產，在1999年西雅圖

反WTO運動中開出多異豐厚的「藝術風格」花朵，將快感、歡樂、革命與藝術行動全部拉成同一陣線，一如《No Logo》的作者克連（Naomi Klein）所言：「各種形式的反抗運動，萬箭齊發」，又如其書《震撼主義：災難經濟的興起》（The Shock Doctrine: The Rise of Disaster Capitalism）所記載與描述的場景一樣：這個新的場景裡，藝術既作為行動內容又是其形式；藝術如何生產與如何可能在街頭實踐；1990年代文化行動的口號「Art for all or not at all」，取代了1960年代學生運動的「讓想像力奪權」；這種並聯式而非串聯式的「多孔性戰鬥陣地」，提供了游移主體合作的可能，從認同的政治（politics of identity），進展成為識異的政治（politics of recognition），為文化轉化提供契機。也許我們在2008年的台北雙年展得以一窺其貌，但真正的藝術並非發生在那裡。

其二，反叛的日常生活。一如國際情境主義與達達主義那種將「給定現實」化成崩潰的笑話，挑戰美學、制度生產、政治修辭，極權主義，將日常生活的詩學打鑄成得以挑戰官僚生產的武器。我們如果不是著急「頓挫」地為新世代的藝術家貼上標籤，以保有我們的世代詮釋權力，那麼達達主義者的幻想，與新世代那種喃喃囈語其實不遠——別忘了，這些孩子不也是貌似基進的學院老師們調教的心血嗎？從樂生的鋼彈到余政達的挪揄，從檳榔西施到電音三太子，台灣的日常生活文化才是文化創意產業與人民快感的根源。如果往昔的生產與再生產關係，變成今日的物品與消費者關係，那麼，以往的意識形態國家機器正透過流行文化，在日常生活上行使其作用；這正是某種意義上，我們必須從日常生活起義的原因。日常生活既是被

宰制的，也是反抗的基地，當然更是「多孔性的戰鬥陣地」，從喝不喝可樂、穿不穿皮草、在Second Life㉕扮演何種人生，都是選擇的政治。想像日常生活對於藝術的需要，業已改變了藝術製作的方法，想像尋常大眾對於藝術的可能需求，想像藝術是來自家庭，而不是來自畫廊與美術館，這將徹底改變藝術的可能與實踐策略。關切日常生活裝置的反藝術者都是藝術家，而泛藝術則非，不關心藝術投身革命的人，往往是藝術的創造者。

## 讓一種現實變成可以期許的未來

　　其三，法國著名的社會學家與社會運動者杜漢（Alain Touraine），在《行動者的歸來》（*Return of the Actor*）一書中倡議行動社會學，教導我們：社會學是研究者與民眾（被研究者）一起生產的，為的是讓民眾脫離被宰制的情境。那麼，藝術可能如此嗎？藝術在公共領域該扮演何種角色？是抬著專業大旗掌控全域，還是以實踐為前導，找尋每個不同文本下最適切的回應？「嘉義縣北迴歸線環境藝術行動」所締造出的行動取向成果，向我們展示：藝術進入社區不是社區工作，也不是藝術工作，而是介質（in-between）、是一種「邀請發生」的筵席，它填補了社區營造與駐村藝術形式的縫隙，創造解放與創新的可能。又或如台北寶藏巖「GAPP」（全球藝術行動者參與計畫），以及後來寶藏巖公社對反所呈現的，公部門賦予規劃與策展權力的進步，學院與自發性學生與藝術家的抗爭，揭露了即使最良善的制度也有限制，最懇切的藝術行動也可能盲

㉕由Liden實驗室所開發，前幾年為全球非常熱門的3D空間遊戲，人們可以建置自己的生活城市與角色，現約有五百萬用戶註冊。

目。他們如何在現實政治中交遇、在公共領域中爭奪，最後產生不同於官方，或者資本主義要的那種迪士尼主題園、與原住民毫不相關的菁英藝術村。這種藝術進入社區，不是駐村創作，不是美化環境，而是探究社區、研擬議題、找尋可能，讓有意願交往的主體學習彼此，這裡面藝術重新站上崗位、發揮作用，這正是「多孔性的戰鬥陣地」的實踐。

　　睜開眼，不要忽略已經在全球與在地發生的現實改變，至於現實裡頭關於專業與行政制度的爭論，就留給藝術行政的專家吧！我們有比釐清誰專業誰官僚更重要的事情要做；蒐集當代藝術歷史性的各種檔案，是重建當代藝術「歷史性計畫」的第一步：讓一種現實（a present）變成可以期許的未來，唯有如此，藝術方能既不屈服於專業也不臣服於制度。否則，告訴你，誰在乎誰策展？

——原刊於《今藝術》2009年四月號。

# 三種脈絡，三個方法

## ——談謝英俊建築與台灣空間生產之辯詰

九二一後邵族重建部落，第三建築工作室提供。

❷❻出自法國哲學家
巴舍拉的著作《空
間詩學》。Bachelard
G.（1969）*The Poetics
of Space.* Boston: Beacon
Press.

「一切真正為人棲居的地方，都有家這個觀念的本質。記憶和
想像彼此相關，相互深化。在價值層面，它們一起構成了記憶和
意象的共同體。因此，房舍不僅是個人的經驗，是敘事裡的一條
線索，或是在你自己敘說的故事裡。透過夢想，我們生活寓居場
所共同穿透且維續了先前歲月的珍寶。因此，房舍是整合人類思
想記憶和夢想最偉大的力量之一……。沒有了它，人只不過是個
離散的。❷❻」（巴舍拉，1969）

「我住進來了，但靈魂還沒進來。」
（瑪家農場好茶村邱爸）

「住在那種灰白精舍的房子裡，連生小孩的慾望都沒有。」
（曾參與瑪家設計人員對長治百合園區❷❼的批評）

謝英俊的建築工作這幾年獲得極大回響，無論在台灣、中國大陸與海外。在台灣九二一地震後，邵族的重建工作成功使謝英俊擁有「災難建築師」、「人道主義建築師」、「民眾參與」等「美譽」，然而這些稱號有點誤讀了謝英俊建築工作的含意。

如何論述謝英俊的建築是很困難的。首先我們要評斷其建築工作的邏輯構成以及實踐方法，其次我們要將之置放在一個脈絡性的理解架構中，最後，我們則要認真對待其建築實踐與欲解決問題的關係性構成。亦即，我們需要對謝英俊建築意識形態所召喚的內容作政治分析。總結來說，我認為社會性建築（Architecture of sociality）是比較合適的說法。分析謝英俊在台灣展開的一系列工作，也必得從此角度理解，這是一個空間生產計畫，而非僅是建築計畫。

謝英俊的工作正如他所說，「災區的問題不是解決災後的問題，而是解決過去的積累。」那台灣過去的問題為何？必得回到台灣特殊的脈絡下理解。對我來說，評論其建築工作與特殊性，若非在特定的語境下便無能更深刻地看出他開創的道路，容易淪為某些速讀「社會建築」（social architecture）的人所把持，特別是那些具民粹傾向與參與式民主（平等式）的一種工

❷❼ 莫拉克颱風災後重建永久屋之一，供霧臺鄉阿禮、吉露、佳暮、谷川、伊拉等村落，及部分三地門鄉達來、德文村等居民遷居。

具，或人道主義式的理解。

　　一如列斐伏爾（Henri Lefebvre）所言：「每一個社會都會產
生其支持自身的空間。」亦即，每一個空間都瀰漫著社會關係
❷。在列斐伏爾的空間生產辯證中，對於謝英俊工作的批評與
讚賞都必須歷史地以及社會地理解，並且將之連結到台灣空間
生產，視其工作為當前的政治計畫，往前推進。


# 第一種脈絡：
## 發展取向國家的創傷（Trauma of Developmental State）

　　九二一大地震、莫拉克八八風災等與其說是天災，不如理解
為自然對台灣發展取向邏輯下長期的空間治理政策的一次性報
復。其呈顯的是台灣對於自然環境的剝削、區域規劃的失策，
以及長期忽略的社會成本的索償。此災難，在台灣南投地區，
是農業單一品種（檳榔）種植的後果；在中央山脈兩側，特別
是谷關一帶，則是同一休閒旅遊形式大量複製導致水土穩定系
統破壞的報應。在其他地區，則是對建築產業廉價快速生產，
以及非正式營建系統的警告。而整個來說，是台灣土地管理最
簡單原則「山坡地保育利用條例」之故意縱容。這是國家為了
發展而忽略社會成本與環境成本的債務，是發展國家機器美滿
經濟措辭後的真實內容，最終被天災所揭露。

　　莫拉克八八風災，則是國土計畫的失敗。一方面是南水北
引，越域引水的水壩計畫造成，一方面是農業土地荒廢，水資

❷語出法國思想家列
斐伏爾（1901–1991）
的知名著作《空間的生
產》。Henri Lefebvre,
*The Production of Space.*
（1984）Blackwell.

源的供給平衡破壞,與各種開發計畫(特別是高科技產業和休閒觀光園區)企圖以空間作為生產資料的二次資本循環所造成的❷。空間本身成為生產資料,而非載體,透過空間的使用目的的轉換,資本主義得以空間修補的方式解決內部循環的困滯,如農轉工,農轉住,工轉住,工轉商,住轉商等等,這些計畫僅用「使用目的變更」便可以在無需具體的勞力與資金投入之前,帶動資本運轉,利用土地變更後的競標價值帶動土地金融商品成長,以及背後賴以為生、以案養案的建築營造業。在土地還未變成真正商品之前,就已經賣出多次。於是,資本透過空間的差異製造了自身的成長。資本主義透過空間的生產得以倖存。

這種創傷對於民眾來說苦不堪言。對於一般人來說,是家園的傾頹;對於農人與經營自然資源的人(如谷關溫泉與高雄寶來溫泉)來說,這是失去生產工具;對於原住民來說,則是歷史、家園與生產工具的一次性毀壞。

人民面對巨變後的震驚,往往很容易接受「白紙般的開始」與妥協的方案。這是台灣救災建築工作的起點。無論是世界展望會、紅十字會或者慈濟,不同的NGO組織與政府會帶著不同的建築方案與團隊介入安置計畫,每個建築團隊與組織都會有自己的方案來介入居民安置過程。居民多半無奈地接受「安排」,在安排下,抱怨與不滿都針對安排的操作,而不是反對安排的計畫。

資本透過空間差異得以快速累積循環,而此差異地理的後果

❷這可從David Harvey *The Limits to Capital*(1982),*The New Imperialism*(2003)的著作加以理解。

則不平均地由弱勢地理與社會位置的人們承擔大部分，原住民的部落與生存空間則是受害最嚴重者。承受災難的過程，「中繼」的房舍計畫莫名成為永居屋，而臨時農場變成家鄉，新的永久屋以失去「原有永久屋」為條件，而新家鄉卻沒有舊家鄉所有的一切，包含工作、教育與社會網絡。對於失去獵場與傳統領域的原住民來說，這不僅是「安置」（relocate）而已，而是重新寓所／遷村（rehabilitation）的問題。對原住民來說，由於發展取向國家機器造成災難，留給他們的創傷，不均衡地理發展在台灣原住民身上更顯得嚴重。這些創傷將以不同的形式展現在後來的安置問題與謝英俊的建築工作上。這是我們首先必須理解的脈絡之一。


## 第二種脈絡：都市過程與意識都市化

從經濟的角度看來，大台北泛指以台北市金融中心為主的區域分工，包含新竹科學園區、桃園倉儲與工業區、新北市提供的住宅與集體消費服務，甚至，中南部的農產運輸；從國際的政治現實來看，中華台北是台灣最普遍而可以被接受的代稱。台北邊界是一個變動的疆界，等待跨越，等待政治與經濟與文化象徵的搏鬥，等待市民意識與國族國家交心的結果。

著名的法國社會學家卡斯提爾（Castells, Manuel）對於「都市化」有個提議，亦即沒有什麼都市化，有的是「都市過程」。傳統的都市社會學會認為，都市化具有一定的特徵，可以數據化以及質性描述來捕捉特定區域的變化，例如人口、服

務金融業的比例、公共性服務的充備,生活形態乃至都市計畫的規範等等。這種規範性理論的缺點乃是見林不見樹,無法解釋區域間動態形成的過程,並且排除無法歸類的選項,將空間作為研究的客體,是將空間鎖定在固定範圍內然後竭盡可能地去歸納與演繹。卡斯提爾強調的則是都市過程,而都市之形成乃在一個更大區域範圍內的都市過程中所產生。

　　日據時代結束之後,1949年戰敗的國民黨來台,為了滿足當時龐大的軍人眷屬的住宅需求,除了透過娛樂捐與慈善募款作為經費來源加緊興建眷村外,也睜隻眼閉隻眼容許違章建築,以維繫統治權的正當性。在五○年代第一波城鄉移民後,透過各式的姻親關係,台北的外地人首次超過本地人,形成名符其實的移民城市。台北是一個由「非台北人」為多數所組成的城市。

　　之後,區域分工造就更明顯的空間區隔。七、八○年代,城市本身作為經濟建設的發動機,亦即靠著販售地皮帶動本土建設相關產業,形成一個內需導向的經濟成長。此刻為台北房地產的黃金時期,造就了第一波台灣經濟起飛,同時也是台北居大不易的開始。空間成為交換價值,至此沒有回頭路,它支撐台灣的成長也毀滅台灣的環境與人文。台北正是此一巨變的發動機,空間生產也符合此時需要的資本主義生產方式,空間分工逐漸完善。如仿照英國花園之城規劃的中永和成為台北臥房城,供給大量於台北工作但住不起台北市的人們;新莊、三重、五股成為販厝的提供地,滿足低廉次等的住宅需求,並且工業化與衛星化;蘆洲、樹林與泰山則是第二外緣的臥房與工

業區，並且作為桃園新竹地區發展的通道，北投與新店則分配給觀光產業與公務人員住宅。淡水作為台北的前庭，而宜蘭、礁溪、石碇、深坑則是台北的後花園。這樣，現代意義的台北方才誕生。台北是整個台灣經濟資本累積的過程，而不僅是一個地點或區域。

　　正由於台北市是整個台灣經濟資本累積的過程，是整個台灣都市過程的龍頭，台北必須藉由地皮增長術來完成加值。理論上來說，是都市資本主義的二次循環，第一次靠物資交通買賣，第二次靠販售地皮與土地融資。八〇年代末期，台北軸線明顯由西向東擴張。翻轉地皮最好的方式不是都市更新，不是舊城重建，沒有人願意碰觸到抗爭或者高額賠償費，最好的前沿先鋒，無論是政治還是資本的，就是「大西部」。歷史中的台北市（以及引發的台灣都市過程），出現過兩種相反的發展，一是違建化，因為政權所提供之集體消費不足，人民使用自己的方式在都市中自謀生活，展現一種空間的窮困，社會網絡的豐盛。另一種前沿則是曼哈頓化，資本帶動土地開發並且象徵性地形塑市民舉目可及的全球景觀，展現一種空間的盈餘，社會網絡的虛空。都市過程中反映的不只是石頭與金錢與人口移動的遊戲。在文化上，意識的都市化（urbanized consciousness）成為文明與現代性意識的標誌，這包含對現代性房舍形式與物質的想像，以及對於現代城市主義之初霍華德（Ebenezer Howard）花園城市（Garden City）的變形回歸。

　　都市過程形成一種辯證的，交叉卻矛盾的流動過程。退休的中產階級流行到農村買地蓋起農舍，《萬畝良田種農舍》[30]不

[30] 影片可見
http://www.youtube.com/
watch?v=6ohptMGW0LA

僅是羅東社區大學的一部影像學習的成品，而是敏銳指出宜
蘭羅東成為大台北有錢人的後花園。自李登輝時代「農地開放
買賣」政策開始，台灣最優良的農地碎裂化了，同時也水泥化
了，而農民知道一旦水田挖下地基，蓋上水泥，良田就一去不
復返了。影片清楚地由當地農民的角度體現此「雙向流動」之
矛盾，「農地開放買賣」與「富麗農村」計畫之荒謬。知識分
子下鄉搞有機農業成為環保前衛的生活姿態；真正的老農則休
耕放棄土地，或者將農地賣掉，農村的子弟則向城市湧進成為
「市民」。中產階級夢想有庭院的豪華農舍，鄉下人則希望爬
上樓，成為「大廈管理條例」轄下的大樓居民。

　　意識都市化是都市過程中的產物，是都市生活作為一種「未
曾謀面」的都市經驗而普遍化的成果。作為意識形態主體化的
過程，既有其物質條件，也有被召喚的。此種意識都市化包含
人們對日常生活及文明的渴求，如現代樓房、房舍空間形式與
材料，便利的日常生活等等。這是理解謝英俊工作的第二個重
要脈絡。

## 第三種脈絡：
## 非正式營造系統（informal building system）

　　對台灣非正式營造系統的理解可分為兩個部分。

　　首先，房舍現代化以及第三世界自我更新是同步的過程。
在台灣五、六〇年代，「販厝」是大都市周邊以及接鄰鄉鎮主

要的建築形式，以非正式的營造方式與材料，延續了傳統生活
中自己動手增修改建的習慣，每個人都可以自主動手修房子，
視需要與現金「持續」改動。無需建築師，透過熟識的工匠，
講述自己的想法後，一起蓋房或委交工匠操作。這原本在鄉村
是很常見的，每個人都會蓋房子，也參與其中，但在都市過程
中逐漸被剝奪，卻又在第三世界都市延遲的現代性缺乏下被延
續，因為專業教育、執照與認證系統跟不上都市人口住宅需求
的快速增加，這是發展中國家非常特有的現象。「貨櫃屋」更
取代了樓鋪，鐵皮屋成為地下工廠的主要形式，以及每次災後
的重建，非正式營造系統都是主要空間生產模式。

　　在國家無法提供足夠的住宅下，刻意容許人民的營建系統，
這個修修補補的過程是台灣自己幹（DIY）的現代性以及對於
「建築專業」匱乏且昂貴的因應。用謝英俊的說法，這是全世
界長期以來百分之七十的人解決自己居住問題的方法。

　　到了1995年，因為房價飆升，土地與住房問題愈來愈嚴重，
同時阻礙了都市更新（空間再生產）之現代地景想像與土地金
融資本再發展，台灣政府才嚴格回溯「違建」法規，來確保推
動資本生產便利無阻。每個地方政府處理違建的法規並不一
致，以台北市為例，1946年都市計畫公布前，老舊房屋的拆遷
會給予土地與房舍、遷移的補償；1994年之前為既存違建，拆
遷時只賠償地上物與遷移補助；1995年一月一日之後，為新違
建，只能獲得遷移補償。這是台灣都市計畫的歷史債務，不
均衡發展（uneven development）發展國家機器的獨特經驗。
國民黨政府於1946年才開始修改日本所擬定的都市計畫，決定

「生根」台灣，做了第一次全盤的都市計畫更新。前期由於徵收計畫中的「公共空間」經費不足，住宅提供嚴重不足，政府機構、黨營機構以及公立銀行「佔用」公共空間如公園綠地等，也睜一隻眼閉一隻眼允許居民（特別是隨國民黨來台的老兵）「借用」公共地。但公共空間的徵收期效只有二十五年，一旦超過年限政府於法無據徵收。在九〇年代初，歷史債務爆發的危機在中產階級興起要求更高的生活品質中，都市政權便以綠色修辭為由，強大的綠色推土機清理了公園預定地中所有的弱勢違建，卻保留了公家機構所佔用的土地，這一波的空間戰爭，也引發了1997年台灣都市史上第一個都市社會運動——「反對市府推土機聯盟」❸①。非正式營造系統在地景寫就的獨特空間形式與脈絡，如十四、十五號公園預定地、雞南山、艋舺剝皮寮、寶藏巖等，有的被清理成城中公園，有的經過強烈的都市社會運動抗爭，暫時成為「文化地景」保留地。

與此同時，城裡的建築仍有許多違建，從陽台外推到頂樓加蓋、佔據防火巷與夾層屋等等，都是非正式營造系統長期銘刻於空間的結果。這成為台灣都市非常獨特的景觀，由人民在空間表徵控制下之城市寫作系列❸②，一個關於日常生活住所之變巧（making-do）❸③戰術。

非正式營造系統另一個重要的面向，則是培育出許多「準專業」的建築工人。在台灣六、七〇年代經濟起飛之際，許多底層工人與城鄉移民、原住民進城尋求生機，最先投入的便是城市的營建工作（後來由外勞取代）。營建業在八〇年代到九〇年代是台灣GDP的主要貢獻者，是台灣經濟最重要的角色。因

❸① 可見黃孫權《綠色推土機：九零年代台北的違建、公園、自然房地產與制度化地景》。台北：獨立媒體出版，2012。

❸② 這裡可以借用 Michel de Certeau 所談的概念，特別是其「Walking in the city」中談的「城市書寫」概念，以及「戰術」「戰略」以及變巧（making-do）的概念。Michel de Certeau.（1984）, *The Practice of Everyday Life*. Berkley: University of California Press.

❸③ 來自Certeru的概念（Certeau, Michel de. 1984, *The Practice of Everyday Life*〔pp.29-42〕），指人們在日常生活中會透過使用方式改變物／政策／空間原本的目的，作者將其翻成「變巧」（台語發音）更接近原意。

為這兩個因素，城市違建農村自建與底層人民的工作，為台灣
創造了許多「準專業」的工匠，這在後來謝英俊的計畫中，扮
演重要的角色。

## 謝英俊的建築工作：社會性建築

## 第一種方法：開放系統，（前）現代的（微）量化

建築能夠做什麼？這是從現代主義建築以來問過無數次的問
題。如果現代主義建築在面對工業化大量人口聚集都市之住宅
需求時所提出的對策是模組化和高層化，拿掉多餘矯飾以白的
立方體來解決，那麼空間生產不過是福特主義的模組化事業。
事實遠較此複雜。這個模組化事業，或用比較優雅的詞彙：開
放性系統與模組化單元，還真吸引了不少優秀專業者的注意，
柯比意（Le Corbusier）倡導的支撐體系與填充體系。葛羅匹斯
（Walter Gropius）在包浩斯草創時期之後，認為建築應該向工
業學習，放棄了手工藝傾向的教育而進行全面的改革，提出機
械化大量生產建築構件和預製裝配的建築方法，他甚至還提出
一整套關於房屋設計標準化和預製裝配的理論和辦法❸❹。在七
〇年代工業化模組沒落之前，日本與蘇聯都有大批的預鑄屋。
當然，現在預鑄模組系統可以在六天之內完成一座賓館也不是
新聞了❸❺。模組化的失敗不是我要處理的主要問題。但簡單而
言，這是一個市場規模的經濟問題，也是一個文化的認同問
題。現代建築體系多少都是模組化的成果，從標準平面到沖水
馬桶。

❸❹這些討論工業模組
化的嘗試與謝英俊開
放系統的差別，可參
考謝英俊在「『中國
新設計』系列70：人
民的建築——關係到
70%人類居所的實踐與
探索」展覽的發言紀
錄，未出版。

❸❺可見這個由遠大空
調公司所完成的驚
人影片：http://www.
youtube.com/watch?v=x
aGQTXfjoyY&feature=
player_embedded

　包浩斯開啟的現代建築傳統隱含著「社會工程」的夢想，他們的問題是如何把鋼筋與水泥都提昇到藝術層次，將工藝與科技結合，但可惜地僅以風格的方式拓展到真實世界。形式不能成為世界新興都市的解藥，現代主義建築與國際風格帶來的災難，便是義大利威尼斯學派的建築史學家塔夫立（Manfredo Tafuri）所批評的「資產階級道德的救贖」的失敗。那些為了解決都市人口大量聚集問題的理論，除了能挽救自身的美學外別無他用。他在《建築烏托邦》一書中批評柯比意的重要及其失敗時，認為在資本主義的發展過程中，資本主義系統吸收了現代建築之道德救贖的美學成為自身再生產的方法，並且徹底地改變了生產關係，以至於為了解決都市住宅問題的烏托邦計畫，最終變成計畫本身的烏托邦，為了改變社會工程的意識形態，只剩下了計畫的意識形態，這就是從「烏托邦計畫」變成「計畫的烏托邦」的淪喪過程 ❸❻。

　建築上現代性的問題討論已久，核心的問題仍是列斐伏爾提出的觀點：空間表徵強烈地統治了空間實踐與表徵空間，以純形式的方式統合了倫理與美學問題，將日常生活變成一種快速的、實用的、異化的、交換的、可複製的形式問題。人民的居住問題變成美學馴化問題，而這可能是包浩斯恰恰好要反對的主題。

　「災區的問題不是解決災後的問題，而是解決過去的積累。」謝英俊這句話可以讓我們將其實踐勾連上述的三個台灣空間的特殊脈絡，亦即要解決上述台灣空間生產的現代性難題。

❸❻Manfredo Tafuri.（1979）, *Architecture and Utopia: Design and Capitalist Development.* The MIT Press.

謝英俊在屏東麟洛的工作室,鐵皮屋蓋成的加工廠,每年簡單的車床能夠生產兩千棟房子需要的輕鋼材。工作室的「勞工」許多是受災戶原住民,透過「以工代賑」,或者「社會就業多元方案」的方式進來工作,他們原也是受災戶,經過之前「蓋自己房」的經驗,現在可以來幫其他災民蓋房子,體現了台灣傳統原住民部落互助蓋屋的傳統。麟洛工作室生產的輕鋼材,就是謝英俊口裡的「開放系統」、「簡化構法」的核心工具。建築的工作不是將建築完成,而是提供一個開放性架構,提供一個不可取代,作為最多的平台。因為主梁是一般常民無法處理的工作,輕鋼梁架的選擇是因為其抗震性佳,這是傳統房舍與材料難以抵抗地震的解決方案。

災難讓謝英俊的工作介入「白紙一張」的機會。九二一後的邵族不僅面臨家屋的傾倒,而是一無所有,謝英俊的工作在此基礎上變得可能。首先,邵族短時間需要住房,沒水沒電,救援物資缺乏,部落人們窮困,這個營建體系要成功,必得讓居民花較少的錢,甚至可以拿薪水蓋自己的房子,要有一個民眾可參與的營建體系,讓居民、農民可以參與的生產體系。而這個工作,必須簡單到只要會鎖螺絲、組裝就可以蓋房子。房子零件盡量符合一般建材市場規格標準,可以自行維修更替。原住民在工程經驗上並非弱勢,回到上述脈絡談及的災後創傷與非正式營建系統部分,他們自身的經驗、緊急的狀況,窮困的條件,部落原有的社會網絡與民族議會共議制度,加上謝英俊提供快速(期程短)、便宜(一般水泥房屋造價的六成)、可以參與的自立造屋計畫(勞力投入、互相幫助、成立工班甚至可以協助其他部落重建),邵族在短期內得以重建,而邵族經

驗則建立了一個謝英俊建築計畫的實踐哲學基礎。以此模式，因地制宜，在不同的受災地點展開一系列的項目。

謝英俊的開放系統與簡化架構與一般模組化有些根本的不同。這是「未完成的建築計畫」，或說「核心建築」。建築師做的最少（而現代主義的建築師主體則是無限擴大），而居民參與最大（現代主義工業化的房子是作為消費而非生產的），基地與主梁由工作室設計完成，牆面、裝飾可由居民自決，只要留下的公共空間夠大，這房子就會長出來。

「邵族為台灣現存人數最少的原住民族，有獨特的風俗習慣、文化、語言，以及保存完好的祖靈信仰和豐富的歲時祭儀，大多集中在日月潭畔之 BARWBAW『日月村』。安置社區的配置是以儀式空間為主軸，配合環境地勢結構而成，用以工代賑的方式，讓族人集體參與社區的營建勞作，一方面解決生計問題，最重要的是要透過集體的勞作來重新凝聚部落意識。❸」

這個計畫被王墨林稱為「其中最重要的不只是部落的重建，更是族人失落已久的一座生活世界的再現❸」。

「開放系統」確保了低成本與勞動參與性。輕鋼骨架猶如房子的脊梁，其餘透過標準化結構與組件，讓部落的人都可以參與營造過程。在八八風災過後，瑪家農場短短的四個月中要建造四百三十八套，除了動員居民做，也有一部分必須找外面的師傅來做，而這些師傅正是來自之前參與原鄉災後重建的工班，等於部落之間的相互協助，原本沒有信心蓋房子的人了解

❸ 見王墨林，http://big5.ifeng.com/gate/big5/tech.ifeng.com/gundong/detail_2011_05/22/6546943_0.shtml

❸ 同上。

蓋房子是「如此容易」，很容易被打動參與。謝英俊在北京尤倫斯美術館展示了一個視頻，一對夫婦做了二十幾套的房子，都是用簡單的螺栓，一棟房子一百三十平方米，兩人大概費時三天可以完成。勞動力參與，可以讓部落的人參與營造過程，有經濟上的優點如創造就業機會、簡化工序與低成本；有社會意義上的優點，如由族人共同參與營造，猶如山上的房子一樣由大家一起營造。

開放性系統的第二個特徵是可變性。謝英俊的工作常常從示範屋開始，說服族人自己蓋房的可能，勞動力參與先於設計意願，完成主結構後，勞動力自我學習可自我生產，保障了日後維修與改變的可能，其建築計畫的未完成性也保障了他者自主參與。

從九二一以來，謝英俊與其第三建築工作室完成了上百件項目，從台灣到大陸，從西藏到阿里山，所有的項目不盡相同。以謝英俊建築師自己總結這十幾年來的經驗說法，他的建築系統有三個主要部分：「持續性建築」涉及了永續、環保、材料回收等概念；「開放系統架構」確保了低成本與勞動參與性；而「互為主體」則是居民參與了開放性系統之後的結果。我認為最核心的部分乃是開放性架構，或可理解成這是現代主義工業化模型最輕量化、簡約化、控制最小參與最大的版本，而開放性架構也同時確保了地方性的生產而非僅是房子的生產。

由此，開放系統確保了在創傷時期藉由勞力的參與、群體的支持，變成災民「重新寓所」的力量。謝英俊在TED的演講❸中提到海地居民的營造方式，是最好的例子：他們擁有自己的營

❸ 參照 http://tedxtaipei.com/2011/10/on-returning-the-power/

造方式與經驗，只要不要將其視為「弱者」，他們會用自己最經濟的方式完成，而開放系統就是保證這種力量出現的方式。

## 第二個方法：永續建築

台灣歷經九二一、八八風災後，有幾萬人被迫離開家園，在各種計畫的協助下重建。中央政府、地方政府、宗教團體、社會團體透過不同形式的政治協商與空間計畫來協助災民。然從「專業極權式」到「協力造屋」的營造方式，包含建築計畫與社區營造過程中，家園的地方性如何相對應地被重建、辨認或摧毀，一直沒有很好的田野與論述處理。

不可否認，地方性是一個長期打造的過程。就西方地理學術的討論，人文地理學強調地方感是人類居住經驗的整體感受，本質感受的經驗論，對於馬克思文化主義者如雷蒙・威廉斯（Raymond Williams）來說，地方性則是一種「感覺結構」[40]，是一種長期變動但逐漸累積成一個整體生活樣貌的感覺。亞倫・普瑞德（Allan Pred）對此更進一步放在其「生成」（becoming）過程中來談論「地方感」[41]，都市研究中探究地方性的取向則以地方性之轉變涉及了新舊地方感的遞疊競爭與特定歷史社會條件之感覺結構作用為主。這些討論的傳統多半隱含了現代化都市過程裡，如何有效解釋「地方感」以及地方感如何運作的嘗試。

在台灣都市過程中，地方性的轉變則由不同的力量與政策所

[40] Williams, Raymond. (1977) "Structure of Feeling." *Marxism and Literature*. Oxford: Oxford University Press. 128-135.

[41] Pred, Allen. (1983) "Structuration and Place: On the Becoming of Sense of place and Structure of Feeling." Journal for the Theory of Social-Behavior, Vol.13. No. 1

制訂，劇變災難後之重建為最暴力的方式，藝術「介入」社區就顯得溫馴可愛，綠化／高級化政策則可作為空間生產條件再生產的工具。各種重建方式，因其所屬社團／建築專業者之意識形態所進行文化「干預」程度皆有所不同，資本創造的房產價值對於住民認同、社區形塑與地方性都起了相當的作用。同時，地方性也與資本累積，現代化的營造體系與現代性的意識形態，都會型社區價值之都市意識化的文明生活，以及都市政權分配利益與選擇創造都市經濟的政策息息相關。

對於台灣原住民來說，地方性／感此種經過都市過程打造的理論意義並不能夠適切涵蓋原住民居所的意義。原住民的生活空間是一個整體部落生命的所在，包含了生活與工作、歷史與現在、家與部落的整體，而非石頭的群聚而已。災後重建的地方性不能簡單從都市過程中鍛造的地方性理論語言去理解，災後重建面臨的不只是家屋重建，而是原住民的傳統領域喪失，部落的歷史（祖靈）與石頭的歷史（傳統家屋）之形式消失，以及維繫日常生活與再生產領域的重建，如大人工作問題、小孩求學問題、信仰安排、及村落空間的形式與分配等。

原鄉災後重建工作是嚴肅的遷村（rehabilitation）而非安置（relocate），特別是永久屋的取得建立在原住民放棄原本山上部落家屋的條件上，顯得更為嚴重。部落居民失去了傳統領域，意味失去獵地，工作與住所分離，失去傳統家屋意味著祖靈寓所必須遷離與重建，那些住在原住民歷史中的山河將不會被孩子們認識，意味著他們的下一代將永遠平地化而失去自身的歷史。

　　謝英俊的建築思想中，「中繼」的概念一直是隱藏卻強勁的哲學基礎。「中繼」意味著土地不屬於個人，人無法永遠擁有土地，人民總是智慧地「暫居」於土地之上。這是災後成為最能說服災民，但在面臨永久屋的選擇時最不能被認同的說法。

　　在展現的層次上，謝英俊將「永續建築」（sustainable construction）用環保、因地制宜的概念來論述。按照聯合國教科文組織對永續建築的定義，包含了環境、經濟與社會文化的永續。在這個基礎上，謝英俊將其對應到自身實踐的工作，有一套對於永續建築的論述：環境對應著綠建築，每個人都可以參與操作的營造系統；經濟則指非依賴性、非貨幣交換性的營造過程；而社會文化指的則是保持社區、自主、與多樣化。

　　謝英俊的工作，必得面對都市過程中大多數的人工作與住所的分離所產生的問題，以及對於「文明進步」之意識都市化的反撲。無論身居城市或鄉村、原鄉的居民，對於現代房舍已經有一種文明的想像，傳統住屋也很難維持傳統的營造禮儀與方式進行。儘管如此，原住民部落的「寓所」遠比漢人的家來得複雜許多，漢人的家已經被格式化，家與工作、祖先祭祀是分開的空間，這些空間透過現代性的安排重組，將個體性從社群與歷史文化中拉出，成為世界的中心。然而原住民的家，則是安置社群與歷史的核心，同時也是文化展現之所在。在這種雙層的文化需求下，比較可以解釋謝英俊在瑪家農場的工作中所遭受的批評❷。對原住民來說，部分的部落人士覺得可以自己蓋房子，部分人不願離開原鄉，如果都不行，不然就要求自己的房子起碼「堅固」，因為這是他們最後的微薄希望。

❷ 例如金素梅訪視大社村的一段影片。可見http://www.youtube.com/watch?v=LUUrPrrwQL4

永續建築是否能夠與都市過程產生的異化，以及意識都市化所產生的對現代住所意識形態的召喚有效對話，現今仍不清楚。但可以知道的，「開放系統」確保了低成本與勞動參與性，而「互為主體」則是居民參與了開放性系統之後的結果，建築師的主體會在永續建築的工作中展開，是建築的政治計畫與歷史性（historicity）計畫。

## 第三個方法：互為主體

在阿里山來吉部落的會議中，謝英俊與部落人協商，說服他們自己爭取住房的形式與空間。他採取的策略是建築師提供協助，基本房舍結構由專業者完成，但是完成房舍、房型選擇、住房面積、公共空間，他們要努力跟市政府要求更大的空間。建築師能做的有限，就算幫居民要到更大的空間與土地，也未必是他們所要的，或者，這樣不能讓他們「自己幹」，而「自己幹」是空間生產很重要的方式。

通常我們論及「社會建築」的時候，指的是服務弱勢，或者與居民站在一起的計畫，或者更進一步的「協力造屋」。在台灣九〇年代後，特別是由李登輝開始的「社區總體營造」開始，社區參與成為一種流行的建築設計方式。這個原本要反抗表徵空間由上而下粗暴的空間生產方式，變成另一種成為主流的進步的表徵空間論述，通常變成一種規約性公共工程的綁定項目。

　　確切來說，此種「社會建築」在台灣的實踐上通常有兩個
方式，第一是規劃概念的參與，如規劃說明會、專家諮詢會
議、社區說明會等等；第二是設計參與方式，由建築師與居民
合作，在具體的空間尺寸上討論需求、形式、功能。「社會建
築」縮小成一個簡單的空間概念變成「社區參與」，或者變成
制度內的「社區建築師」服務鄰里的工作。

　　然而，我自己的經驗告訴我，「社會建築」在實際的工作
中，與居民戰鬥的多，和諧的少。一個有良心的設計師，會在
他的工作中平衡權利團體的發聲機會，每個團體都有弱勢，而
這些弱勢在社區參與的過程中一樣無法發聲。如果「社會建
築」仍是「認同強者的價值」，那就失去所有的意義。換句
話說，唯有當「社會建築」是一個「起義的計畫」（insurgent
planning），讓隱藏的聲音出現，讓弱勢者現身，讓少數者的權
利被看到，我們才有討論的必要，否則所有的建築都是社會力
的結果，社會建築只是多了個意識型態包裝的修辭。

　　我們可以透過謝英俊的自我描述，來重新檢驗他所謂「互為
主體」的概念到底如何？譬如說，謝英俊常說：「如果不能溝
通，就不溝通了。」或者舉「築室道旁，三年不成」的例子，
大馬路上的騎馬的人經過會覺得房子太矮，走在路上的則會覺
得房子太高，左鄰覺得醜，右鄰覺得漂亮，這樣下去，沒有一
棟廣納民意的房子會被蓋出來。

　　這說明了謝英俊「互為主體」的意思，建築師並非沒有主
體，而是要體認自己與他者的不同，是維根斯坦意義上的「絕

對的他者」而非唯我論的他者,弱化的他者。不同就是不同,不是聆聽,不是坐下來仔細辨識差別,而是在一個共同的時間與空間,互相說服／鬥爭的過程中,讓每個人都「有機會」完成主體的建構,完成建築的生產過程,如同邵族的多部合音,不管你的音調如何,都可以找到進去參與的方式。這個動態生產的過程,恰好是「互為主體」的生產過程,而非建築師的方法。

德國哲學家漢娜‧鄂蘭(Hannah Arendt)覺得馬克思談的勞力過於簡單,馬克思的勞力概念只有作為勞動生產的勞力。她覺得必須細分人的活動生命:勞動(體能勞動,從大自然中產出消費和維持生命的物質)、製造(創造、利用素材營構持久事物的構造)與行動(透過言行開展,維持「歷史與政治的世界」)。「製造」(poiein)與「實踐」(phronesis)是不同的。如此,從製造的空間位置來看,它發生在製造者和製造素材間,製造者不必跟他人產生或建立關係,其存在處境是「單獨性」,然行動所具有的彰顯性,行動者同時也是一位言談者,使「行動」或「實踐」有別於「製造」或「創造」。在這樣的說法裡,行動彰顯公共空間 ❸。於是,在一個有他者在場,表達自己的行動,允許其政治實踐之地,就是公共空間。換句話說,謝英俊的建築工作是在每個人行動中,政治實踐的勞動力過程中,產生「互為主體」的。這種互為主體從交流開始,一如柄谷行人所指出的,「愈是認為建築是設計理念的完成物,就離實際的建築愈遠。」而建築是交流,而且無庸置疑的,是與沒有共有規則之間的交流 ❹。

❸ Arendt, Hannah.(1958)*The Human Condition.* University of Chicago Press.

❹ 柄谷行人(2010)《作為隱喻的建築》。北京:中央編譯出版社。

# 結論：空間的生產

　我用了「architecture of sociality」而非「social architecture」，
是為了強調謝英俊工作中並非一般所認識的「社會建築」的取
向，特別是人道主義取向的理解。建築可以服務人民，但不能
僅以服務人民來斷定建築之工作。

　按照列斐伏爾的看法，空間的生產指的是三元辯證與鬥爭的
結果。我們可套用列斐伏爾的方式，理解謝英俊工作中的空間
生產方式。

空間實踐
spacial practice

表徵的空間　　　　　　　　　　　　　空間的表徵
representational space　　　　　representation of space

列斐伏爾
空間的生產

非正式營造
spacial practice

發展國家的創傷　　　　　　都市過程與意識都市化
representational space　　representation of space

台灣空間的生產方式

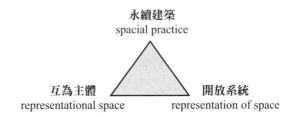

**謝英俊的建築生產方式**

　　謝英俊的工作的重要性，是他在一個極為特殊的歷史時刻中，以建築工作（無論有無意識）回應並以實踐「黏合」了我指出的三個脈絡，發展國家的創傷、都市過程與意識都市化以及非正式營造系統，其工作在解決問題中有清楚的「分工與交流」（馬克思語）的關係性構成。這並不是說，他確實地回答了問題，而是說他在當下的條件中，企圖透過建築去回應他直覺所感受的部分。這是他建築工作最重要的當代性，最具有意義的「社會性」。

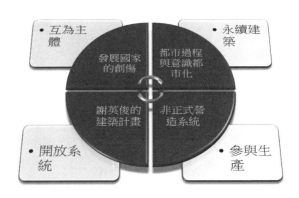

最後，建築師的工作並不能解決所有問題。這些由漢人所提出的空間方案，只是作為「減緩」發展國家機器的創傷反應，或一如塔夫立所提醒的「布爾喬亞的補償心態」。原住民的問題一直在，例如傳統住屋的形式是否無法繼續了？住屋營造過程的禮儀與工藝傳統如何（或如何不需）維繫？關於災難的原因，後災難的權力與資源分配如何平等？這些問題應該有更多的社會性建築提出其看法與對策。換句話說，建築師不能憑著對於結構的自信就放棄追尋一種社會統合的希望，即使在緊急或貧瘠的條件下，就如同我們不能寄望天才建築師憑著天分與感性可以創造人們的感知世界一樣。

我們只是現代化了營造系統與工具，並且以最大的彈性應用在歷史現場。也許我們仍應追問，台灣的現代性是什麼？台灣的空間生產的現代性到底意味著什麼？我們已經有了很多現代化建築，卻沒有機會討論在第三世界的台灣，建築的現代性到底意味著什麼？也許謝英俊的工作可以啟發我們開始下一步工作。

——本文原為2010年在中國杭州美院跨媒體藝術學院所舉辦的「社會更新論壇」之講稿，後經修改刊於中國北京《獨立評論》2012年一月號以及2014年二月中國《新建築》期刊。。

# 當建築成為展覽，
# 終而只剩展覽
## ──記兩屆威尼斯建築雙年展

近來兩屆的威尼斯建築雙年展都有回歸社會關懷的傾向，將此「傾向」讀為建築世界的自我救贖也不為過。畢竟，靠著龐大資本撐起的理性幾何與變形螺旋的造型世界中，建築離人們與共通都很遙遠，展覽恰好提醒我們建築逐漸喪失的基本功能是「為人們解決居住問題」。這就是我在兩屆威尼斯建築雙年展讀到的主要訊息。

## 第十二屆威尼斯建築雙年展：人們相遇建築中

妹島和世是第二位獲得普立茲建築獎的女性建築師，其與西澤立衛合作的SANNA建築事務所，在國際間屢獲好評。妹島和世的作品簡潔、透明靈動，結構輕巧，曾來過台灣，並在陽明山上留下一座花園作品。身為第十二屆威尼斯建築雙年展的策展人，她給了一個明確的主題，或說是難題：「人們相遇於建築中」（People meet in Architecture）。

　　從1980年開始，威尼斯建築雙年展向來承襲了國族榮耀與大建築計畫競逐的特性。然而，此屆國家金獅獎卻頒給了一個你不曾認識的波斯灣小國，人口只有七十萬，由三十三個小島組成的巴林王國（kingdom of Bahrain），其展示計畫〈重申〉（Reclaim，華語世界的媒體多翻成「拓荒」或「開墾」，然而我覺得這裡理解成「取回」、「重申」更為恰當）在展場內放了三棟漁夫的真實漁寮，訪問漁民的錄像作品放在漁寮內以及沿牆置放，在訪談畫面中漁民所坐的毯子恰好就在觀看席的座椅上，桌上的茶壺也是漁民訪談畫面中所使用的，隨處有厚厚一疊資料夾免費給參觀者取閱。這是由巴林文化部與轄下的建築師公會合作策劃的，恰好與那些耗資百萬、極盡可能展示大國文明與偉大石頭計畫的展示內容相反，他們仔細分析了巴林

第十二屆金獅獎得主巴林王國作品。

目前進行的海岸填海與都市更新計畫到2030年對巴林的影響，仔細審視自己國家與海岸的關係。海洋就是巴林的資產，是為他們帶來財富的馬匹，是人民與國家的生命，是他們的一切。評審團認為：「將建築的形式轉換成海洋是公共空間的工具，以出色而謙卑的手法，強烈回應此次策展的主題。」

　　不要因此誤會這次參與的國家團隊是否太糟了，以致讓一個無名小國第一次參展就抱走金獅獎。在參加的五十二個國家中，有太多知名建築師、高超的3D電影、卓越的展示空間，與對未來的豪華許諾和想像。如澳洲國家館展示的對未來城市的想像影片，足以媲美任何一部迪士尼的3D動畫（此展後來在2012年六月於台灣高美館展出）。整個館猶如一家知名夜店，播放著重節拍電音，以長形LED燈切過巨大牆面，猶如閃著螢光的柏林猶太人博物館（Jewish Museum Berlin）；加拿大館由菲利浦‧比斯利（Philip Beesley）領銜演出的〈Hylozoic Ground〉計畫在科技藝術與互動藝術大展常常現身，引起眾人注目，由無數如羽絨葉脈上的互動型記憶晶片，全然演化出電子塑片森林，會隨著人的移動或聲響而移動。

　　正如莎拉‧松頓（Sarah Thornton）在其出色的傑作《藝術市場探密》（Seven days in the Art World）一書中訪問一位畫廊的先生尼可拉斯（Nicholas Logsdail），他有個準確的比喻可以說明在雙年展看作品是件多折磨人的事情，他說：「博物館像動物園，而雙年展則像是在獵捕，你花了一整天想要找尋獅子但只是看到無數的大象。」比找到獅子更困難的事情，是找到建築裡的相遇的人們。

在威尼斯建築雙年展的三個區域中，威尼斯本島分散著會外的國家（如台灣）與特殊的事件展，綠園城堡（Giardini）展區則是歷史悠久的國家展覽區，軍械庫（Arsenale）這個由造船廠房所組成的美麗沿海倉庫則是以個展和部分小國（無能有自己的國家館）為主。在我找尋「人們」的旅程中，有幸看到了許多傑出的展覽作品。如獲得終身成就獎的庫哈斯（Rem Koolhaas）在許多展場中都會出現（第二多的大概是札哈·哈蒂Zaha Hadid），其公司OMA在綠園城堡展區中擁有一個非常中心的位置，展示其歷年來世界各大城市「改造」的業績；伊東豐雄為台中設計的歌劇院在展覽中有許多精緻的模型、3D演化過程與施工圖；Transsolar & Tetsuo Kondo Architects所策劃驚人的〈Cloudscapes〉人造雲景觀；獲得展覽金獅獎的日本旅歐建築師石上純也的「Architecture as Air」以巧妙、肉眼幾乎不可見的細線展示建築脫離水泥石頭的自由；當然，還有在主要沿海大街上的美麗皇宮，由法朗克·蓋瑞（Frank Gehry）和其合夥人LLP在法國阿爾勒思（Arles）構思的新文化模式〈New Cultural Model〉計畫，其建築模型是一個可以自我演算毫無預設目標的變形金剛。看到一堆鋼鐵可以自由彎曲疊構是令人愉悅的，我相信要賦予其意義更是費心，但蓋瑞先生不會缺少詞彙的。這些令人驚豔的展覽一如美麗的建築圖畫書，書上的建築照片是不會有人的，不會有使用者，彷彿建築的目的就是其本身。以前建築圖畫書中的人們，起碼還起了比例尺的作用，而這些展示計畫中的人們，如果有的話，恰恰好證明了建築沒有使用者是更完美之保證。

少數有人味的的展覽，則總在不顯眼之處。例如捷克與斯

洛伐克館所展示的自然建築，展現了木工與人居住環境與基本
生活所需的關聯，非常美麗靜謐；以色列展示的Kibbutz（一
種典型的以色列合作村落）則非常完整地展現了從1910年以來
此種烏托邦規劃化為現實的紀錄，他們將這些藍圖、構想、建
築現況與城市計畫化為一紙疊成的紙板凳，你可以坐在上面看
著紀錄，也可以撕走一張帶回家作紀念。當然，你必須暫時忘
記薩伊德的批評才成（那些美麗的以色列合作村落很多是以色
列佔領巴勒斯坦屯墾區後，靠著驅趕巴勒斯坦人的家園才能有
的）；獲得國際評審團特別獎的印度Studio Mumbai 的〈Work
Place〉則展示了由建築師帶領當地居民一起學習木工，將傳統
技法適應現代材料的建築智慧；同樣獲得國際評審團特別獎的
中國建築師王澍，其領導的業餘建築工作室的〈衰變的圓頂〉
（Decay of a Dome）以人工集體遊戲的方式，將長形木條輕易
地疊出西式圓拱，具有易拆卸可移動與環保的特性，最好玩的

中國建築師王澍的〈衰變的圓頂〉，獲得國際評審團特別獎。

是那種集體遊戲感,以及符合當下中國成為世界最大工地與最多建築工人的種種隱喻。

威尼斯雙年展是歷史最悠久的雙年展,從1895年開始,一直作為挽救經濟、宣揚國威、文明與交易的場所。1930年代,除了藝術展外,就有音樂、電影與劇場雙年展,這建立了我們現在認識的雙年展制度,由參與國家與個別展覽雙軸進行。建築雙年展開始於1980年,1999年開始舞蹈雙年展。可以想像,在雙年展中,國家主義(nationalism)正是讓雙年展精彩萬分,緊張好看與維持壽命的眾多事項之一,你可以想像這是建築界的微型世博,是藝術界的科學與國家文明競爭。雙年展本身更是國家本身的目標,1951年巴西聖保羅仿照威尼斯雙年展,1955年開始的德國文件展,1973年的雪梨雙年展,1984年的哈瓦那,1987年的伊斯坦堡,1993年的沙迦(Sharjah),1995年

第十二屆威尼斯建築展美國館。

第十二屆威尼斯建築展台灣館。

的聖塔菲（Santa Fe），1995年的里昂，1995年的韓國光州雙年展，1996年的柏林，2000年的上海、台北雙年展，以及最晚加入世界雙年展行列的莫斯科，也從2005年有了自己的雙年展。

在第十二屆的展覽中，相較於要找到人們與建築的關係，要找到國族主義容易多了。總地來說，先進國家掌握文明與文化的趣味，而第三世界國家則努力顯示自身現代化的證明。韓國館在充滿竹子與木結構的廊房裡用三星手機展示著無數互動科技；日本則有未來移動城的想像；新加坡展示了各種尺度的城鄉規劃，如此的適切乾淨，顯然是一個規劃師有著無上權力

的國度，建築師的天堂；智利極力告訴世人他們的城市文明高度；而香港，展示了「食衣住行」，宣揚自己的公屋政策（不會提到賣地曾是香港政府主要的收入來源）、海岸休閒規劃（裡頭當然沒有皇后碼頭被拆的事件），展示了農村（裡頭也沒有菜園村抗議高鐵的重大事件），還有珠海大學倡導以中文與中國歷史教學的驕傲（但展示的是庫哈斯為其設計的新大樓）。

　　至於台灣館呢？地點極佳，展覽用心，展覽名稱與內容名符其實，就是「無關緊要」❹⑤。既沒有像香港與新加坡一樣有效律地完成宣揚國家文明的效果，也沒有反省自身國土計畫與逐漸失守的台灣海岸線。在一個由塑膠泡綿與無數矩形所搭疊的休憩空間中，有著太多無關緊要的建築材料術語與差勁的文學幻辭，目光要穿過竹簾般的屏幕看著漫無目的的北海岸火車畫面（聽說有台灣全島，可惜我沒看完，我相信也沒有一個人看完）。《Take a break》不是展覽名稱與目的，而是展覽效果，充分確實呈現了台灣於國際的地位與建築界對於台灣環境思考能力之「無關緊要」。

❹⑤ 台灣館參賽主題：《休息中：臺灣當代的空間變異性》。（TAKE A BREAK: Spatial Variability in Contemporary Taiwan.）

## 第十三屆威尼斯建築展：
## 共通地（The Common Ground）

　　策展人英國建築師大衛・齊普菲爾（David Chipperfield）以「共通地」（Common Ground）為主題，延續妹島所開創的人文面貌。齊普菲爾所改造的柏林新國家藝術館在建築界獲得不

第十三屆威尼斯建築展日本館。

少好評，他「猜想」建築總有些基本的元素功能，可作為當世多元文化的平台，可以溝通、生活、共享的共通之地。今年與上屆相同，雖然展場充滿了巨星風采與形式化的作品，但「得獎者」總是那些具有人文關懷的項目，彷彿若沒有這些作品，我們很難找到建築之所以成為建築的原因，好像藝術電影之於好萊塢，政治藝術之於藝術博覽會。於是得獎作品很像專業倫理證書，一次次地告訴人們建築並未墮落，抑或，建築正逐漸遠離人們與共通地？

最佳參與國家獎頒給了由伊東豊雄（Toyo Ito）所主導的建築計畫──〈Architecture. Possible here? Home-for-All〉，他與日本的三位建築師乾久美子、藤本壯介、平田晃久至三一一地震後的災區陸前高田市，本來要「為」居民設計災後的房子，後

來發現不實際也行不通，遂與居民共同發展出一個社區中心的建築模型，作為災後重建的開始，目前已著手興建。展覽由日本國際交流基金會支持，並結合了攝影師畠山直哉的作品，在展場中呈現了他們與居民共同討論過程中的諸多模型。評審團認為，他抓住了此次展覽的精神，在國家遭遇天災後與社區居民合作一個有執行力又有想像力的方案。

　　當然，一如每一屆，眾星雲集的建築師仍是主角。本屆中，福斯特（Norman Foster）爵士與其團隊合作的計畫──〈Gateway〉，在一個黑盒展間裡，用了數十台高階投影機裝置，在地板上展現從古至今重要的建築師與規劃師的名字，隨著光線與人群移動而變換。四面牆上的投影則由芬蘭的藝術家查爾斯‧山迪遜（Charles Sandison）製作，展示從西方歷史城市到近代亞洲、南美城市重要的歷史時刻，從毛澤東革命、阿拉伯之春到倫敦暴動，非常快速、動人、拼貼的後現代歷史敘事的城市印象。札哈‧哈蒂（Zaha Hadid）又再一次率領外星人母艦與小飛碟出場，也用了多媒體展示了無數扭曲的莫比斯環變形記。連許久沒見的彼得‧艾森曼（Peter Eiseman）都出場，作品〈The Piranesi Variations〉嘲笑了城市規劃與建築師的角色，前者致力於溝通（交通），後者則努力築牆，最後還自嘲了自己，將自己善於擺弄的後現代建築造型符號變成可愛動物玩偶，拼貼在城市計畫圖上。這些展現形式奧祕及其空虛的作品，如何表裡如一地反應了當代建築世界的真實，值得分篇描述才是。

　　不同於上屆的參展國家館競相爭豔，今年的國家館普遍顯

得貧乏無趣，表現平庸，不知是否與歐洲（特別是義大利）在全球勢力的沉墜有關。去年拿到金獅獎的巴林，本屆索性沒有展品，只有一疊印刷好的傳單放在現場。但去年沉默無聊的國家今年卻令人耳目一新。獲得評審團特別獎的幾個國家館都非常出色。美國館展示計畫〈Spontaneous Interventions: Design Actions for the Common Good〉，收錄了美國百餘座城市裡由居民自發性參與改造城市的實例，從環境、公共空間、有機農業、生產就業、交通等面向提出有想像力與經濟的方案，這是城市史的一本「自己幹」文化。波蘭館〈Making the walls quake as if they were dilating with the secret knowledge of great powers〉作品名稱取自狄更斯的作品，其展示了建築與聲音共構之巧妙，展場空無一物，要將耳朵貼在牆上，感受到巨牆發出震動，方能會心一笑，體會到結構與聲場，物質與共振的共通關係。俄羅斯館則是勇敢揭露了冷戰時期不為人知的祕密，

第十三屆威尼斯建築展美國館。

第十三屆威尼斯建築展俄羅斯館。

〈i-City〉講述冷戰時期蘇聯為了發展軍事科技（衛星、核能、武器、飛彈）建立了十幾個祕密城鎮，鎮民需斷絕一切對外聯繫，無人知道他們存在，冷戰結束後他們也被迫改名換姓，在猶如黑夜繁星的展示場中，牆面中鑲嵌了許多圓形光罩，每個光罩中都裝有放大鏡，可以看到這些科技小鎮的歷史圖片資料，在普丁政權拘捕 Pussy Riot 之餘，看到這樣的展覽實在佩服策展人的勇氣。此外，贏得所有媒體焦點的則是俄羅斯館二樓的展場，〈Project of Skolkovo〉用 QR CODE 燈箱築起猶如天文館的圓拱，每個人發一台平板電腦，掃描 QR CODE 後則顯現斯科爾科沃（Skolkovo）目前進行的城市計畫，冷戰期間的殘酷科技與冷戰後的消費科技正是俄羅斯的前世今生，不得不說是個好的政治詩學的對比。

最值得一提的，則是獲展覽金獅獎的〈Torre David/Gran Horizonte 裝置和咖啡館〉計畫，由 Urban-Think Tank 策展，這件

第十三屆金獅獎作品，展出貧民公寓大廈內部生活景觀。

作品靈感來自於委內瑞拉的加拉加斯，知名建築師恩立克．戈麥斯（Enrique Gómez）所設計的四十五層大廈「托雷大衛摩天大樓」（Torre David skyscraper）。它原先預定作為商業金融大樓，卻隨著開發者的過世、經費不足而胎死腹中，最後演變成無人居住的空屋巨廈，吸引了當地貧民入住，目前居民數高達三千人，超過七百五十個家庭，儼然形成垂直型的貧民公寓大廈。隨著居民的搬入，廢棄大樓不再只是冷冰的建物，有人開設理髮廳、家庭工廠、體育館甚至教堂，逐漸滿足公寓居民的日常生活需求，生活機能的完善仰賴的是居民自食其力，而非政府。策展團隊花了數年的時間研究這棟建物、居民生活空間與社區結構，以及居民如何自立生活，現場以影像、平面與裝置圍繞著一個展覽途中必經的餐廳而成，佔屋生活仍持續，未來也會出成書。建築計畫之失敗成為建築雙年展最佳展覽金獅

第十三屆台灣館作品。

獎，這豈不是對當代建築最好的啟示？！

　　至於台灣館，上一屆是夜店，這屆則是瓦楞紙樂高城堡，
《地理啟蒙》只是對於台灣自然地理最差勁的形式複製而已，
真正發生在台灣「地理」上的事情，則是上萬片瓦楞紙都沒說
出的。如果我們沒有形式的祕技，起碼回頭找找建築基本的功
能，請建築師們親自走一趟美麗灣、樂生、紹興社區、華光社
區、文林苑王家，或研究一下因為消波塊而消失的數十公里的
海灘，看看真實「地理」發生的事情。也許得以避免僅只證實
了台灣館與台灣建築於全球地理不相干的尷尬後果！

　　當建築愈迷戀展覽，展覽便取代了建築。建築苦心在展覽中
告訴大眾有關建築之事，恰恰好就是建築如何在現實世界中喪

失功能之事。得獎的項目愈成為良心指標，愈代表建築專業在現實世界的墮落，在展覽表現形式之大成者，愈證實了建築成為唯心思維與技巧的演化，與城市文明無關。威尼斯建築展矛盾地為我們展示了：建築是一個被觀看的存在，一種表演，一種不適合人生存的形式魔術秀，金獅獎的項目只是保障了此專業最後的展覽價值，而非建築價值。

——原刊於《台灣建築》2012年十二月號。

【輯三】**視界**

當藝術成為工廠，我們只以最終產品定義觀看視界。
若歷史就是生產的分工與交流，藝術何嘗例外？

# 怪醫豪斯瑪莉娜

　　在《怪醫豪斯》（Dr. House）第七季最後一集，一個按照瑪莉娜（Marina Abramović）打造的角色出現在醫院中。她在表演時暈倒，進醫院後不肯透漏自己的病情，並隨時記錄自己接受醫療的過程，企圖將療程變成一場行為藝術，以反抗理性醫療物化的過程。豪斯躺在另外一張病床上，透過電腦看著這位藝術家之前作品的記錄。他感嘆地說：「她不是瘋子。她的行為被一群白癡捧成天才藝術，因此她賺了大錢，那些花兩萬美元買她作品的人才應該被送去檢查。」歷經幾番衝突轉折之後，藝術家妥協了，由於愛情，答應了堅持不肯做的化療。藝術家的理由是化療會傷害腦子，而腦子就是她的一切、她的創作根源，若不能繼續藝術活下來也沒有意義了。然而藝術家被愛情打動，人生除了創作還有其他的幸福。這回換豪斯生氣了，猶如被擊中死穴，豪斯對人生的依據剛好就是藝術家之前那種將腦袋視為高於一切凡俗生活之上的價值，現在卻如同被藝術家打了一巴掌。他生氣地責怪藝術家是偽君子，似乎在愛情出現之前，藝術家所有的創作、生活都是沒有意義的。他當然是在責怪自己，是他與美女院長千絲難斷的愛情折磨，他罵的是自己而非藝術家。

　　真實的瑪莉娜可比劇中的角色更具衝突性。影集中出現的模擬表演片段，是1974年的作品〈Rhythm 0〉：藝術家在房間內放上告示，准許觀者使用桌上的七十二樣物件與藝術家進行強迫式接觸，包括筆、剪刀、匕首、十字弓、灌腸器，與一把有一顆子彈的手槍。藝術家完全被動靜坐六小時，觀者的緊張逐漸隨著時間的流逝而崩解。觀者剪碎藝術家的衣物並作勢開槍，這是藝術家最接近死亡的表演作品。這個系列還有眾所周知的1974年的〈Rhythm 5〉，這也成了她當時在藝術圈鮮明的標記，在地上以石油浸溼大型木造共產黨五星標誌，她點燃火燄，身躺五星中央，以作個人政治歷史背景與超凡式身體淨身。在火燄中心她即刻因缺氧與濃煙而失去意識，大火炙熱開始貼身，觀者與現場醫師搶入大火將藝術家救出。1973年的〈Rhythm 10〉，她擺放二十種式樣的短刀，任取一把飛快在五指指縫尖狠剁，在刺傷自己之時立即換成下一把短刀，重複，並錄影。在重複第二十次之時，藝術家播放錄影，並記住短刀在桌面敲打的輕快旋律，重複實驗。

　　1977年，在威尼斯雙年展所作的現場表演〈巴爾幹巴洛克〉（Balkan Baroque）為她贏得了金獅獎。連續四天，每天六小時，她哼唱悼念歌曲，蹲坐在堆積如山的淌血火紅牛骨之間，從牛骨上刷洗出微存的血沫，作為藝術家對世界戰爭與殘忍暴行的低喃抗議。

　　在台灣上映的電影《凝視瑪莉娜》（Marina Abramović: The Artist Is Present）記錄了2010年她在紐約當代藝術館的作品。我們看到藝術家從年輕嬉皮的生活走向「時尚行為藝術家」的過

程，十二年的愛戀生活，七年以巴士為家的生活，與男友藝術家烏雷（Ulay）交織了愛情與創作的生活在長城上畫下句點。這個有八十五萬參觀人次的展覽中，瑪莉娜將自己的眼睛變成眾人的「自畫像」，每一個人都可從專心無礙的相互凝視中得到歇息、停止、專注。有人落淚，有人藉道具表達心聲，有人排隊了十六小時後到了藝術家面前脫掉洋裝全裸想向藝術家致敬卻被保全請出場，有人重複排隊共與藝術家對看了二十一次，而前男友則在兩人對望凝視後緊握雙手盡棄前嫌。每個人都想要看到自己，而藝術家得忍受三個月，每天七個半小時不動不吃的身體極限。觀者在這不動的身體上找到自己，在藝術家的眼睛裡發現自己的慾望，身體是容器，藝術是容器，也是全部的意義。作為此展的策展人，也是瑪莉娜的「前夫」說得好：「演戲，刀子是假的，血是番茄醬，行為藝術則相反，刀子是真的，血也是。」

瑪莉娜的作品不僅圍繞著死亡與自殘，也使人理解精神與肉體在存活邊緣的高度自由感，身體就是媒介，並統合了意識、知覺與理性。對瑪莉娜來說，藝術家是為了改變人類觀點與現存社會集體意識而存在。

豪斯的憤怒來自身體的不適與對平庸之惡的不滿。但相反地，這身體的痛苦帶來他自由恣意的行使，不也正是瑪莉娜行為藝術的主旨嗎？對豪斯來說，藝術家也是一般人，人就是一個有保值期的細胞與廢物的大皮囊而已。正因如此，瑪莉娜的作品才挖掘出大皮囊的意義與自由之可能。

——原刊於《今藝術》2013年二月號。

# 必須與複音唱和！

## 活在疆界上的女人們——亞洲女性藝術家1984–2012
（Woman in-between: Asian Woman Artists 1984-2012）

　　2012年十二月十五日晚上，沖繩美術館拉上後門，百名觀眾靜坐在大廳，等待伊藤塔莉（Ito Tari）的表演。白天展示菲律賓藝術家Alma Quinto〈舒適之家〉（Home of Comfort）藝術計畫的拼花布角落空了出來。她默默走到大廳中兩個柱子之間，朗誦了很長的一段文章，之後坐在一張擺了幾瓶可口可樂的桌子前，背後白牆投影著沖繩的荒郊，她喝起可樂，然後將可樂倒入形如保險套的塑袋裡，吹氣，以喉聲嘶喊，一手捏住塑袋中間，迫使塑袋後端形成兩顆球狀，猶如女人吸吮陽具，一直吹氣直到塑袋破了，水噴滿全身為止。之後，她換了軍裝，變成美國大兵，在地上撒滿七公分長的鐵釘，之後用磁鐵一一蒐集，彷若蒐集被美軍傷害的大地傷痕。最後，她從大廳中央走向上二樓的階梯，路不長，她走得很慢。每走一步，她就拿出一件女性白色內衣鋪在地上，用白色膠帶將白色內衣封黏在地上，重複登至階梯中段，接著回到大廳中，開始將白色膠帶封在自己身體上，最後繞回一開始表演的角落，將剩下的膠帶貼在柱子與牆面。膠帶上的字是這樣的：「'69年的強姦發

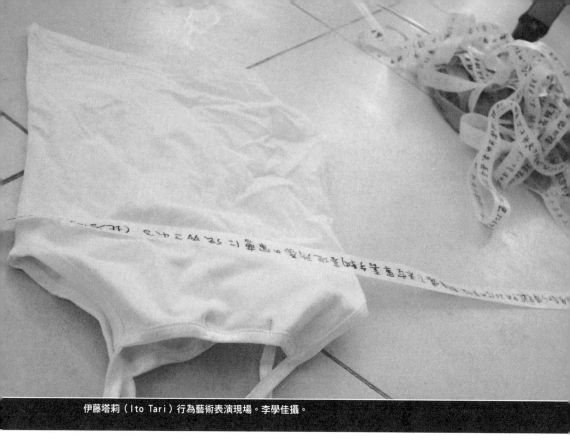

伊藤塔莉（Ito Tari）行為藝術表演現場。李學佳攝。

生件數十三件，檢舉件數六件（琉球政府警察局）」、「十七才少女，米少年兵三人，全裸輪姦致死」、「73年米士兵十人，強姦」、「三月十八日，四十二才婦女全裸絞殺屍體被發現」……這些受害者名單與事件資料來自沖繩婦女反對美軍暴力行動聯盟（OWAAMV，Okinawan Woman Act against Military Violence），她們整理了自1945年以來發生的上千起美國軍人性犯罪事件資料，伊藤塔莉從中選取了最為公眾所知的336件。在大部分的性犯罪事件裡，被起訴的美國士兵少之又少，最多引渡回美國或解職。〈One Response- Bae Bong-gi and the Countless Other Woman〉這件作品也曾經在佐喜真美術館（Sakima Art

Museum）以及此展巡迴福岡美術館時演出。

　　伊藤塔莉的作品一直在處理關於創傷、性別、戰爭、核災
的議題，是日本非常重要的國際行為藝術家。此次的演出當是
本展最佳的寫照，她時而是第三者，時而是受害者，時而是加
害者，她既歷史又地域，既集體又個人地處理了此展的主題：
女子活在疆界上，面對社會、文化、歷史的難題，如何回應？
她的作品回答了本展中結集了十六個國家、五十位藝術家、
一百一十四件作品的問題意識：女藝術家依據自己的社會性
別，以及作為女人，對於日常生活、戰爭、歷史、倫理，或者
加諸其上的新趨勢潮流有何警醒？展覽由日本四個美術館的策
展研究人員合作，分別在福岡美術館（2012.9.1-10.21）、沖繩
縣立博物館・美術館（2012.11.27- 2013.1.6）、栃木縣立美術館
（2013.1.26-3.24），以及三重縣立美術館（2013.4.13-6.23）巡
迴展出。沖繩展場分成五章展開，包含了身體繁殖、性別、社
會、邊緣，與生活。顯然地，這是女性觀點的集體面貌，而非
僅是「女性主義」藝術觀點的呈現。

　　參展的八位日本藝術家中有三位來自沖繩，沖繩也是此次
展覽「邊緣」章節的重點。伊藤塔莉在沖繩美術館的演出震驚
全場不無原因，一則因為沖繩歷史與現實；二來，女性的困境
不就是地方面對強權帝國的困境嗎？不也正是吾人面對全球化
與景觀社會之困境嗎？在展覽期間，沖繩滿街都是慶祝「復
歸四十年」的布條，但是對誰來說是復歸呢？1951年的「舊金
山合約」規定日本雖擁有沖繩的主權，但行政權歸美國；1972
年，美國將沖繩行政權交給日本，但美軍基地仍在，因此紛爭

藝術家石川真生（Ishikawa Mao）。蔡佳穎攝。

不斷。沖繩的命運更與台灣緊密相連，若不是牡丹社事件，日本藉口出兵台灣，順便以保護之名一舉滅了琉球王朝（牡丹社事件五年之後，日本將琉球國王軟禁於東京，將「琉球藩」改設「沖繩縣」）。此後，台灣與沖繩猶如姊妹花，命運多舛。

在巨大的歷史社會洪流中，她們如何說出自己的話語？展覽中有許多有力量的批判性藝術作品，不是男性那種掌握再現分布技術與完美諷喻的形式，也非將政治藝術作為政治正確表達的臣服，反而鞏固了強權之不可動搖。我看到更多的生命力與「軟性」抵抗，以幽微的懸命之思抗拒權力的安置，權力不及之處的祕密，以及更多的反身性思考與重建主體的嘗試。來自沖繩的攝影師石川真生（Ishikawa Mao）就是一例，〈Philippine Dancers〉是1976年開始於沖繩金武町拍攝菲律賓性工作者的作品，裡頭赤裸呈現美國大兵與她們的交易場景，鏡頭直接毫不遮掩，撫慰與快感都是工作和生活的一部分，對大兵對舞女都是。石川也到了性工作的家鄉，菲律賓碧瑤（Baguio），拍攝她們的家庭與生活處境，這系列作品揭露了生活之難處，但沒有任何道德批評，卻挑戰了沖繩人自己的觀點。在高中時期，石

性暴力下的內衣與膠帶歷史。李學佳攝。

川恰好碰到1971年沖繩反對日本接收的大遊行，從此之後她就
一直關心美國駐軍問題。對她來說，美國白人大兵歧視黑人大
兵，日本歧視沖繩人，美軍消費沖繩女人，七〇年代開始菲律
賓女人取代了沖繩女人的工作。然而，日本人歧視沖繩人不正
是沖繩人歧視菲律賓女人的「男性歷史」之循環嗎？當我們是
弱者時，我們更容易以強者的眼光判斷是非，這種目光豈不正
好是強權者要我們順服的世界觀嗎？台灣唯一參展藝術家侯淑
姿的作品《亞洲新娘之歌III》也正是透過夫家與父家的對比，
呈顯出女性的生命與勞動所連結之區域，是生命的再生產（婚
姻與生殖），也是物質（家鄉的豪宅與夫家窮困生活）的再生
產。只有對生命「交換」的包容理解而非僅是知識上的批判，
才能在現實中思考反身性實踐（praxis）之可能。另外，與流

動／勞動有關的還有來自菲律賓的Brenda V. Fajardo。除了藝術家以外,她也是個舞者、藝術教育家、劇場藝術家,並且是kasibulan（藝術中的女性和意識覺醒）組織的創始成員之一。她以四幅系列塔羅牌作品〈Tarot Card Series〉呈現遠赴他鄉的女工的處境,以菲律賓當地的傳說與風俗製作場景。中東的移工、日本的脫衣舞孃、香港的家政婦、台灣的非法女移工,每個場景中以樸素的繪畫和手寫文字替其發聲,並將塔羅牌的「愚人」變成女人,「愚人」亦有零之意,代表希望女人可以重新開始。

　　透過反身性主體思辨權力與歷史的,還有另一位住在沖繩的藝術家阪田清子（Sakata Kiyoko）。〈Stopped Curtain〉這件作品呈現了被風撩起的窗簾與一把將倒未倒的椅子瞬間靜止的裝置,詩意映射了沖繩爭議懸而未決的處境,是非常難得的用裝置進行現實批判的成功例子。另外,日本錄像藝術先驅出光真子（Idemitsu Mako）的〈直前的過去〉（The Past Ahead）,透過二重投影的手法將大歷史與小家庭並置,令人動容。展場中懸掛的螢幕上展示了多幅1940年代純真、物質豐厚的家庭照片,並藉由一個更大的投影,重疊在螢幕與背後的牆面上,畫面則是日本軍國主義興起、在世界各地發動殖民戰爭的歷史資料片段。富裕家庭是軍國主義的支撐,也是其結果。她的作品說明了藝術如何可能揭露歷史的共振,並且思考階級、家庭、軍國之間的關係。另一件我非常喜歡的作品是印度藝術家Shilpa Gupta的〈Untitled〉。在這個互動裝置裡,觀眾可以透過滑鼠點擊來控制投影螢幕中由藝術家裝扮的七個角色之一的動作。一旦之中有人起頭,其他人就會追隨這個動作形成迴圈運動,

漸漸地你會無法控制他們，他們的動作似乎先於你按下滑鼠。
你感覺程式壞了，你會下意識地在他們有動作之後按下滑鼠來
追上他們。當然，這一切都是寫好的程式運算。我們以為我們
在控制媒體，但事實可能正好相反，這就是媒體給予世界最好
的惡魔之禮。

　　能顯示寓言反抗的穿透力量的，還有來自廣州、活躍於北京
的曹斐的〈影夢人生〉（Shadow Life）。曹斐是2000年後崛起
的中國新一代藝術家，以多媒體裝置和錄像藝術為人所熟知。
她對都市化問題、社會處境與人文關懷有濃烈的興趣，但也非
西方喜愛的那種簡易的對中國的批評。她的作品充滿童趣，鮮
活、善於說故事。〈人民城寨〉（2008–2011）將中國的城市
發展轉化成巨大的賭盤遊戲；〈人民城寨──第二人生〉則將
人民城寨搬到著名的網絡遊戲第二人生（second life）上，此作
品曾受邀參加如伊斯坦堡雙年展、威尼斯雙年展等重要展覽。
2011年的新作〈影夢人生〉曾在中國各地的獨立影展中展出。
這十分鐘的作品有三個小故事：〈石頭〉、〈獨裁者〉，和
〈輪迴〉。毫無疑問地，面對當代中國政治與社會問題，只有
幽默可以穿透和諧，非抵抗性的敘事可以讓神獸聆聽。透過手
影演出、電影拍攝與剪接手法、絕佳的音樂製作，本片成為當
代最重要的關於中國政治、權力和資本的寓言。

　　這個展關注的是九〇年代亞洲女性藝術家面對不同議題的回
應。任何展覽都有侷限，對於歷史和女性都不可能「完整」呈
現。所以，要藉此展投射亞洲女性藝術家完整的歷史想像是不
可能的。她們複聲多音（polyphony）實踐的成果，讓我們思

考自己如何敘說歷史，並且對現實給出回應。對台灣更有意義的是，在12月16日的論壇上，台藝大教授賴瑛瑛介紹了戰前至戰後台灣女性藝術家的歷史與作品，岩切澪氏則介紹了台灣新一代女性藝術家，藝術家侯淑姿也上台介紹自己的作品，是台灣在國際會議上難得的完整介紹時刻。策展人之一的小勝禮子（Kokatsu Reiko）在展覽手冊文章中如此寫下對於參展日本藝術家的期待：「參與的藝術家必須與亞洲女性在不同層次發出的聲音唱和，使得多音更為深遠。」對於台灣女性藝術家，一般觀者亦若是。

——原刊於《藝術家》2013年三月號。

# 視界／世界的社會權利

知名藝術評論家與公共型知識分子約翰‧伯格（John
Berger），現即使隱居於阿爾卑斯山，仍然振筆著書，在溫和
筆調中將愛情慾望與藝術政治揉合一起。他不改於視界／世
界之熱情，以及對藝術史之批判關懷，他寫到「我會根據一件
作品能否在現代世界裡幫助人們宣揚其社會權利，來判斷其價
值。今天，我依然秉持這樣的標準。」（出自《觀看的視界》
一書）

## 社會權利是什麼？政策與計畫也可以如是看待嗎？

幫助人們宣揚其社會權利，指的顯然不是當前作為選舉工具
的社會住宅，社會住宅的美意會因為無法解決台灣從地價稅制
到地利分配的核心問題，而成為政客喊價的禁臠。台灣低收入
戶的嚴格認定已經排除了正逐漸無產階級化的中產階級家庭，
也排除了單身年輕人、非異性戀家庭與異同性同居者。「台北
好好看」用綠地和藝術進駐換容積的方式也不是為了彰顯人們

的社會權利,相反地,無害的「零度寫作」的話語❹,諸如北市府說的「兩百六十萬人口」間接受益,或者「相當於六十一座大安森林公園」,抑或建設公司之「城市營造一個全新的藝文生活網絡」更容易讓市民喪失其社會權利,還得掏出腰包贊助這永遠享受不到的期限美味。

顯然地,如果連應該彰顯公共善意(public good)的公共政策都不顧人們的社會權利的話,我們又如何細緻地談及藝術(視界)與世界的關係呢?莫非是藝術留給藝術史學家與藝術評論家,而世界留給建築師與社會學家嗎?在「台北好好看」或者「城中藝術特區」計畫中的優秀藝術行動與展示,我們又該如何平心而論?又或者,你如何看待台北花博中新生三館鑽石級的綠色建築?

按照約翰·伯格的說法,藝術的另一個先驗面貌,是高喊人類自然存在的權利(ontological right),「藝術是把大自然允許我們偶爾瞥見的東西,有組織地反映出來。藝術是企圖把潛在可能的心領神會轉化成永不止息的心領神會。它喊出,人類渴望更明確的回應……藝術的先驗面貌永遠是一位祈禱者的模樣。」(同出上書)亦即藝術如此獨特的感知形式,有其自身存在的召喚能力,無須為誰服務,為誰伸張正義,我們總在嘗試將瞬間化為永恆,體驗無價,啟發不以餐飯計。

由是,有時藝術提出一個全然替代的世界,有時則是去強化和肯定自然與社會的短暫希望。而後者,不正是全台灣上至文化創意產業政策、下至公共藝術與藝術化閒置空間的政策思維

❹出自羅蘭·巴特的〈零度寫作〉一文,文中批評傳統文學作品,其角色情節安排合理,處處強調真實與自然,世界是客觀的,而很自然的寫作,其實是隱藏社會權力的操作,讓現實好像就跟小說一樣自然。延伸之義,愈是看起來合理自然的,愈容易讓人接受,就愈容易合理化權力,成為神話系統的一部分,故而他倡導新的寫作方式。這裡援引的是其批評看法,而非其主張的文學實踐方法。

嗎？不正是我們藝術家積極參與的世界中的視界表現嗎？

人們固然有很大的機會用兩年或更短的時間找到啟發我們一輩子的偉大作品，但也因為如此，人們也可能失去了一輩子可以活得更公平、有尊嚴的空間。一部分人們固然可以在作品裡找到那種永不止息的動人魅力，但也有另一部分會永無止境地懷抱被迫遷出親愛家園的怨懟。三鶯部落不斷被迫遷居，與台北好好看系列六短命的「三三〇個城市花園」難道不正是都市規劃政策的一體兩面嗎？不正是真實世界與美麗視界的攣生子嗎？

寄居蟹欽羨蝸牛，若有其殼何樂也，若無殼，連網球與牛奶紙盒也可以當家。這時，蝸牛殼上美麗的紋路對牠來說不正是藝術的作用嗎？台中彩虹眷村因為老先生的塗鴉而被保留下來，最終，老先生恐怕也無法住在自己塗鴉的屋子裡，其周遭的房子早已被拆除，猶如全台灣眷村的命運。

論及視界／世界的社會權利，無能迴避正義與倫理。我們無法在論及藝術家個人的作品時，卻不論其當代的社會角色及其後果。例如，都市政權選擇何種政策工具來進行都市轉型？建築專家選擇綠化與藝術進駐來提高容積獎勵，而不是選擇低底盤公車；藝術家選擇進駐，方便建商日後拿回容積，而不是生活在他鄉。這就是共謀，就是參與了選舉策略。建築就是公部門的打手，資本投資的風格顧問，藝術在台灣的都市轉型上沒有扮演什麼重要的角色，頂多只是資本的化妝師。

　　若不是約翰・伯格一再告訴我們，即便是藝術先驗派也有其動人之處，老實說，我才懶得理藝術。當我們在欣賞花博美麗的綠地、城中藝術區的新奇辦公室，與精彩論壇之際，藝術曾為人們伸張的社會權利，正在逐漸死亡。

──原刊於《今藝術》2010年十一月號。

# 後八九的歷史皺摺

　　十一晚上與來自五湖四海的朋友用完晚餐後，我與孫恒走在皮村的路上，要回新工人劇場準備晚上的「國慶聯歡晚會」的表演。我問孫恒這幾年搞下來，到底覺得藝術（歌唱）這件事能夠對社區與工人起到什麼樣的作用？他簡單地說，首先可以唱出他們的心聲，其次可以增加認同而爭取權利。短短的回答就是他在2002年遇到許元後，成立新工人藝術團努力的總結。

　　這是我此生第一次參加「國慶」聯歡晚會，不在天安門廣

工人演藝廳裡的國慶晚會。攝影／鄭文潔

2011年《破週報》復刊685期封面，此封面也是破報首次與中國北京發行的《當代藝術＆投資》合作的兩地同步刊出計畫的當期雜誌封面。

場，也不用經過安檢機檢查隨身行李，自然也沒有前大街的假胡同、國際連鎖品牌商店和麥當勞。我穿過黃昏時擁擠的、打工者為打工者提供買賣的街道，進到了新工人劇場。孩童華服出場，精神不輸國家晚會的表演者，孫恒的曲子〈我的吉他會唱歌〉開了頭，百人擠在帳篷劇院裡持續約莫兩個小時，新工人藝術團的人輪流表演，工人之家和同心互惠商店的工作人員上臺唱歌，社區巡守和媽媽舞蹈表演，在場的台灣樂隊農村武裝青年阿達被邀請上臺唱了兩首歌。表演無論精采與否台下工人總一片熱乎。貫穿整場的基調是「雖然祖國對我們不夠好，但我們是熱愛祖國的」。這是他們自己的聯歡活動，祖國這招牌好像用來打招呼的，就好像城市裡攤販要跟城管打招呼一

樣。打工者來自四面八方，名符其實的「全國聯歡」。場內民族主義的強度對於在台灣生活的我顯得如此生疏遙遠。中國三億工人打造了城市，打造全世界的便宜商品、打造了城市與商品之間的連結，在勞力付出之餘，現在還要打造自己的娛樂、自己的學校、自己的博物館、自己的商店，自己的家。晚會裡的一個有獎問答讓我印象深刻，儘管獎品只是一瓶可樂。主持人說：「各位知道十一假期加班期間的工資怎麼算嘛？」答案是：前三天三倍，後四天兩倍。

孫恒當天的演出。攝影／鄭文潔

　　是啊，祖國忽略我了，但是這是我（窮苦的工人）唯一的祖國！法律是有的，但工資不一定能拿到。這裡的人們可能比京城廣場上擁擠的遊客還需要祖國。表演完走出新工人劇場，社區居民在廣場的人們打著乒乓和羽球，旁邊是他們自己親手

建立的打工文化藝術博物館，以及一個二手回收商品店，前者努力收集研究並製作了打工者的歷史，以及共產黨建國以來的工人政策，那一張張的各種證件看得我膽顫心驚；後者則集滿了各地捐來的物資，重新整理後讓社區工人可以便宜購買，滿足日常生活所需，每個月都要好幾台小巴才能拉回來。許多北京附近的高校學生都來此當義工，孫恒每週都要接見各種團體與媒體，光是今天，就有來自加拿大的香港人、台灣樂手與媒體、聯合國組織以及北京當地媒體的朋友。北京高級的社區也未必有這樣的社區生活與公共性。這在中國是被承認與關注的典範了，從他們的實驗小學有全國與世界各地NGO的辦公室可見一斑。

皮村原本居民只有一千人，但外地打工的人口有一萬多人，他們胼手胝足維繫生活，拿著月薪人民幣一千五左右的工資在六環飛機跑道下努力存活。隨著北京的擴張，有個河北老鄉笑著說，這裡再拆下去蓋大樓，把我們往外推，我們很快就可以住回家鄉了。

皮村的社區活動中心對街的磚房掛著標語：「世界打工是一家，工會就是咱的家。」工人悲慘的處境是跨國際的，對反的文化亦同。皮村與日本、台灣、香港有很長的交流歷史。

日本的櫻井大造在十幾年前就在台灣三重市的河堤旁開始「帳篷戲」，這一待就十幾年。帳篷戲是六〇年代日本與美國簽訂「安保條約」後所引發運動後，以戲劇的形式回到民眾的抗爭表演。櫻井大造幾乎每年在台灣都有重要的演出，透過經

皮村裡實驗國小國慶布告欄。攝影／鄭文潔

驗交流也培育出台灣自己的帳篷戲劇團──「台灣海筆子」。
2007年秋天，櫻井大造到皮村演出，留下所搭建的帳篷，2008
年新工人綜藝團準備搞個「工人藝術節」，遂將留下的帳篷打
造成現在的新工人劇場，並以「自己搭台，自己唱戲」的理念
動手就幹了起來，也邀請了同樣以宣導工人權利的香港音樂團
體「噪音合作社」參加。之後，台灣的黑手那卡西、鍾喬的差
事劇團，櫻井大造與台灣海筆子都來皮村演出過，而新工人綜
藝團也來過台北演出，聯繫出一個跨越兩岸三地的特殊文化力
量。

　　三地都曾是世界生產裝配線上最重要的基地，香港作為亞太商業運轉承包中心，台灣為彈性生產與分工契約的核心，中國則是世界的工廠。三地的財富與大樓皆由工人撐起，三地的貧窮也皆由工人自己承擔。這個共同休戚關聯繫的感受，是理解後八九重要的線索。亦即，自七〇年代開始由柴契爾—雷根政權推行的新自由主義在九〇年代往全球擴張時，兩岸三地年輕知識分子經過八九年懵懂的巨大衝擊，又在九〇年代末目睹了工人面臨困難，貧富差距拉大，公共福利不足等，前後一起發出不平之聲。這是一個反對資產階級復辟的連結行動。如知名批判地理學者大衛哈維對新自由主義最簡單扼要的批評：「這是二戰後資產階級復辟，讓全球的貧富差距回到一戰之前。」就是這種歷經新自由主義痛苦洗刷的過程中，兩岸三地真正相遇了。

　　台灣的黑手那卡西成立於1996年，剛開始的成員由台灣大學的研究生和工會的成員開始（我還權充了一陣子貝斯手）。經後學運的政治文化衝擊，那時台灣的青年文化生猛有力，批判活力四射，除了選擇政治人物的學運分子，許多青年選擇在民間、社會團體與媒體上發揮自己的影響力，在文化上更是興起一波文化運動，搖滾祭、電影節、另類媒體、國際噪音表演、抗議美術館人事案與反對城中違建區被迫遷運動同時發生。大規模的都市社會運動與文化節慶結夥出現，擴張了文化介入政治社會的多樣面貌。從1994到99年間，可說台灣青年文化最擾動豐沛的時期，黑手那卡西的出現代表了這波文化運動與工人運動連帶的成果。2000年後，黑手那卡西逐漸由工會裡的幹部和工人取代知識青年，並發展成NGO的形式，由純粹的音樂團體變成工人綜合藝術文化發展團體，在各個層面上連接了社會

運動和工人權利的推廣。例如積極參與工殤協會、台灣國際家庭互助協會、日日春（性工作者權益團體）、青年樂生（反政府迫遷療養院的青年組織）、台灣國際勞工協會（TIWA）等組織，並參與每年十一月在台北舉行的工人秋鬥遊行。黑手那卡西現在是複聲的（multi-voices），從單純唱出「男勞工」心聲的團體，變成了各種社會弱勢群體聲音的製作團隊，包含性工作者對於中產階級道德壓迫的歌聲、反迫遷者對於政府荒謬政策的反駁之聲、新移民家庭渴望平等對待的聲音。

　　香港「噪音合作社」則成立於1998年，成員來自香港的基層組織，當時第一次聽到女主唱聲音的景象我仍然記憶猶深，那時她在公共廣場唱起了〈再見螢火蟲〉，寧謐動人。這首歌就是獻給1993年十一月，在深圳葵湧致麗玩具CHCO大火中被燒死的八十幾位女工。後來這個香港老闆捨棄了香港工人，選擇在其他發展中地區建廠，為歐美的孩子們生產玩具。他們的第一張專輯中的另一首歌〈無法無天〉則是獻給在香港爭取居留權的人們，這不是我們非常熟悉的「全球化經驗」嗎？2005年香港舉辦WTO首長會議的時候，香港的大學生聯合組織「八樓」製作了《越過不義線，創錄革命聲》（Sound Out Louder……Cross the Unjust Line Anit-WTO CD）一套雙CD，收錄了詩人、文學家與樂手反對WTO組織的聲音與創作，其中噪音合作社的Billy與林靜都參與其中。在抗議的那段時間，成員Billy創作的〈The World Is Not For Sale〉幾乎是抗議期間每天遊行的主題曲。之後，他們也常出現在其他抗議場合，或因不同社會事件需要而創作歌曲。

孫恒也許沒有想到當初脫離苦悶的結果會變得如此「正面」。他在1998年決心離開穩定的音樂老師工作，覺得學校苦悶，音樂教育死板，便到全國城市流浪，打工唱歌。邊流浪邊唱著，直到他2002年遇到許元與一干志向相同的朋友，便開始新的路途，為「自己」唱歌。除了出專輯外，他們也策劃了兩個工人劇，還發行了 DVD版本。這樣一唱十年，還唱出了各式各樣的自主機構與成績。新工人綜藝團的故事現下看來是個成功的樣本，全國各地都有巡演，邀約不斷，理解中國急需的這種撫慰系統並不恰當，更重要的是，像孫恒這樣的年輕人能找到一種縫隙，將尋求解放的渴望，流浪與自己興趣、身分結合起來的志業，這志業成為後八九少數的可行選擇。新工人綜藝團到現在為止初步計算超過了五百場表演，二十萬人次的參觀群眾，這可能比光鮮亮麗的搖滾歌手聽眾還多。光是第一張專輯就銷售超過了四萬張，專輯銷售餘款則拿來建立打工文化藝術博物館。孫恒與工人之家的經驗也讓中國許多省分邀請他去幫忙「規劃」一個打工社區。

這些「自己幹」文化，乃是後八九一個非常重要的線索。可以聯繫三地年輕人的共同話語。

與此完全不同的故事，則是來自我在伊比利亞藝術中心一場《破週報》見面會上聽到的。一位從太原來的朋友說，八九之後，北京待不下去了，於是回到家鄉，資訊貧乏日子煩悶，於是藉由手抄身邊僅有的搖滾樂史，就這樣在朋友之間流傳開來，連現任《當代藝術＆投資》的執行副總編董冰峰都讀過。八九發生之際正值高中或初上大學的他們普遍不信任系統，不

信任藝術教育，每個人都不懂搖滾樂是啥，卻每個人都努力聽著，「不一樣」變成生活姿態，統領著生活方式。打口帶（歐美國家，尤其是美國，日本近年也加入）將國內賣不出去的音像製品，經過特殊加工（就是打口，以廢塑膠的形式賣到中國）與手抄書變成重要理解「邪惡帝國」與外在資訊的來源，領著他們走過青澀，打發苦悶；從台灣來的流行音樂則彌補了搖滾樂外所有的缺口。

這段地下史在顏峻與郝舫的梳理下有精采的細節，連左小祖咒都曾在汕頭走過貨，聽說還差點掉了命。在巨大的氣壓下，他們恍若不從音樂或者文本中想像無以謀生。八九之後，「使館藝術」與「公寓藝術」變成兩個重要的藝術出口。「使館藝術」指的是那時個英、美、義大使館人員，常邀請中國藝術家到他們國內展出，帶動了藝術家看見世界的機會，也開始讓世界認識中國藝術家。相反的，「公寓藝術」則指還待發掘，苦悶地躲在公寓內創作，展覽就是邀請親朋好友同樂的聚會。

圓明園的那段歷史，或者艾未未在東村的事蹟，特別是1994年至1999年所編的中國前衛藝術《黑皮書》、《白皮書》、《灰皮書》，對這代搞藝術的人來說無疑是個衝擊。

若說打口帶打開了管道，使館藝術帶動了全球化，那到了九〇年代末，台灣魔岩唱片公司則收割了成果，一舉讓亞洲與全世界認識了中國搖滾。竇唯、張楚與何勇，佩著紅星，來自左岸，變成對抗主流明星庸俗歌曲的利劍。特別是何勇在香港紅勘體育場直接嗆聲對幹香港四大天王，被台灣與香港的年輕人

視為搖滾純真性之代表。崔健更是全球華人反文化的偶像,對於台灣猶如早期的羅大佑。殊不知,這是他們開始接觸資本主義墳墓的序曲。地底爬出的怪獸們蜂擁而出,在地表上找尋吞噬自己肉身的機會。

　　藝術市場亦同,隨著四個現代化與「發展就是硬道理」的指示,在北京奧運的前八年間,藝術市場火紅得不得了,實驗藝術有條件走出公寓,九七年數位攝相機普及,物質帶動了藝術表現。攝影藝術、紀錄片、獨立電影也開始起步,誰都是藝術家,誰都是藝評家,也誰都不信。藝術繁榮的景象就如世界工廠一座座在中國建立起來一樣。黨在學習、國家在學習、藝術在學習、藝術批評家也在學習,誰在浪頭上站穩了一分鐘,誰就可能贏得市場。七九八變成熱門景點,宋庄蓋起萬米平方的豪華工作室,還間接帶動了台灣藝術家的市場。透過商業繁榮來說服貧窮的人民多等一會兒,遲早會輪到他們吃香喝辣,會爬上了樓,二手玫瑰的那首〈允許部分藝術家先富起來〉乃是描寫這個政策最好的說明。現在,國際上都看得到中國藝術家,然而他們可是從那些「先進國家」最討厭的盜版中吸取養分,在山寨中學習崛起的。

　　真正的問題總是被置換的。後現代性置換了現代性中的民主理性,留下了現代大樓與美術館愈大愈好的運動。發展置換了平等,留下了貧富懸殊的困境。商業雜誌置換了手抄本,大款替代了純真性,而我們視張楚後來的隱居與竇唯的壞脾氣為失敗者。舌頭樂隊解散(又復出),北京的先鋒要嘛到了更深的山裡,要嘛躲在麗江。北京驕傲的國際賽事與超大型的藝術展

置換了城市公眾運輸不足。而中國站起來了置換了所有問題。

　　歷史皺摺中總是充滿了各種替代。在八九前後台灣知識青年努力找尋左翼養分與魯迅，而中國則是耳朵塞滿台灣民歌和「自由主義」；台灣的知識青年歷經發達資本的殘酷而痛批在「國家發展主義」中犧牲的社會成本，中國則在渴望發展的時候迷糊給「新自由主義」上了身；台灣恐懼著民粹與民族主義的殺傷性，而中國低頭太久大得太快來不及注意。彼此需要對方的養分，但誤解很大。

　　歷史總是宰制下的當前（a present），除非我們有更好的線索與勇氣，探究其中的皺摺，那些被吸入與消失的，隱藏與出現的，衝突與矛盾的，我們才有能力探究當前的複數（presents），才能夠真正理解另類的選擇意味著什麼。如尼采所言說的：歷史工作不是揭開神祕面紗，而是推倒阻礙我們前進的石頭。

　　那麼，也許我們得先鑽進那歷史的皺摺中瞧見彼此與自己的身影才行。

——原刊於《破週報》2011年復刊685期，同步刊於中國《當代藝術＆投資》十一月號，《破週報》特刊。這是為《破週報》第一次進入中國媒體時所製作的特別刊物。

# 以節慶去構想一個城市
## ——關於亞維儂藝術節的幾點思考

在法國亞維儂藝術節期間，媒體以及市民以各式委婉的說法來重複著：「亞維儂行，台北（台灣）為何不行？」的話語。換言之，亞維儂熱逼使我們省思自己城市的可能性，台北市的限制在這段時間內也一一被指出：例如表演團體的缺乏、表演空間不夠、國際化程度與基礎設施不足等等。然而除了文建會官員與台北駐巴黎文化中心工作人員辛勞後應得的獎賞外，我們是否有可能討論「台北藝術節」的方式？或者說，構想一個城市競爭的另類策略？

## 區域合作與有價歷史

亞維儂是法國中南部普羅旺斯省的一個小城，屬內地城市，繞內城一圈步行約一小時，算得上是著名觀光地點的可能只有教皇宮（米其林手冊上的評介也不過是三顆星），出了亞維儂城牆外後，便是農田遍野了，比起偏南方的馬賽、尼斯，或者稍北的南特等，幾乎沒有與其競爭的條件。這樣的一個小城，

為何生出了一個足以與愛丁堡藝術節相提並論的嘉年華會,甚至被選為歐洲「西元2000年的文化城」之一?難道只是維拉創意的偶然結果,抑或如媒體所言:歐洲人有消費藝術的習慣?還是他們善用了歷史,而且結合了區域性資源?

你也可以說,亞維儂保存並延續了維拉的創意,古蹟的和構想上的創意。藝術節開始的前十七年,都是同一齣戲、同一個地點(教皇宮中庭)、同一個導演,一直到了維拉拒絕了「傳統」,只是因為他覺得教皇宮的中庭太大。他大概意想不到自己開啟了五十年後,上百場選秀會(showcase)的勝景。這個勝景在亞維儂各地開展,從教皇宮中庭出走到內城中所有的古蹟,學校、劇院、廣場、教堂、倉庫、花園,一直到私人住宅,甚或耗資百萬法郎開發了石礦區表演場,讓十餘萬遊客與百場表演在一個月內遭逢,讓所有的遊客與表演者非得在街頭相遇,即使你有心避開任何表演(正這是OFF總監所說的深遠含意)。用台灣流行的話來說,便是古蹟活化,用經濟學的術語而言,則是創造古蹟的交換性價值,而且這個交換性價值,是中央政府為了平衡區域發展,和地方政府思考自身出路的孩子。

法國中央政府為了均衡區域發展,一方面要創立巴黎之外的藝術重鎮(如坎城影展的策略),二來要輔助這個中南部小城以其特色發展出足以競爭的發展。自1980年來,亞維儂藝術界成立非營利事業組織,協會委員包含了公立的贊助單位、與藝術節有合作關係的文化機構等人士。中央政府贊助藝術節(總經費約為兩億兩千萬台幣)約65%的經費,其餘來自區域政

府、省政府以及市政府的補助。近來，中央政府的補助在亞維儂具有知名度之後，逐漸降至15%，而由企業界贊助和社區義工、基金會接手。同時，亞維儂藝術節的策略並不是一個「國際」的觀光節，至少不算是一個友善的國際觀光節（除了一本節目單有英文簡介外，所有的傳單、OFF手冊、表演字幕、說明、現場購票方法等等皆是法文，儘管主題是亞洲），而是一個法國的國民旅遊促銷方案。換句話說，結合了巴黎人夏天到蔚藍海岸與普羅旺斯區避暑的習慣，以藝術節的形式來吸引觀光客。這也是亞維儂藝術節可以成功的重要一環，當然犧牲的就是不懂法文的國際朝聖者了。

## IN/ OFF

要當地社區認同自己是招待觀光客的家園，並不能只是利益，還得包含榮光，當然前者是後者組成的一大部分。亞維儂藝術界的節目遴選是「主席制」的，雖然委員們可以提供意見，但是最後的決定權仍在藝術總監手裡。1947年一群藝評家、收藏家與詩人所策畫的現代畫展偶然地在教皇宮中庭展出後，很長的一段時間，這個城市不過像是一座「未開發」之城，每年享受一次導演的新奇嘗試，後來因為邀請當時在巴黎因執導「教堂內的謀殺」而聲名大噪的維拉到亞維儂做演出之後，維拉改變了這個城市對自身的期待。從1964年開始，維拉讓藝術節的門戶大開，並且能夠以他為中心開始拉出一條長紅線，將單場的戲劇表演變成綜合了舞蹈、音樂的節慶，例如1966年莫理斯貝嘉發表的「二十世紀的芭蕾」使得亞維儂變成

法國最早的舞蹈節之一，這些轉變使得亞維儂開始引人注目，成為法國中南部夏日的的旅遊勝地，讓荒漠內城逐漸轉為耀眼之星，除了讓亞維儂的居民脫離經濟發展的困境外，也得到自信與認同。

亞維儂藝術節國民旅遊的成分，巴文中心的夏荷先生說得很清楚：「來亞維儂的觀光客大概可以分為兩種，一種是知識上的左派，愛看些具現代意識、批判性的劇碼，例如女生在一堆男人裡脫光衣服，或者嘲諷古典劇碼中的繁文縟節；另一種則是家庭觀光客，純粹就是喜歡藝術，喜愛老少咸宜的戲劇。」當然，用這樣的說明來區分IN/OFF未免過於粗糙，但是卻絕對可以解釋為什麼《美猴王》比《慾望城國》來得賣座和受歡迎，而OFF對年輕人的吸引遠比IN大的原因。

相對於IN而言，OFF（Avignon-Public-Off，未邀請節目）是年輕人的，無論其歷史還是活力。在IN表演的除了幾個正式、設備較佳的場所之外，在城內外近百個你可以想到的所有可供表演的場所，從正午到深夜，都由這個非官方組織霸佔。你可以看到馬戲與小丑劇晉身藝術的嘗試、法國典型的偶劇、非洲裔法人的獨幕劇講述自身的歷史、將蘇洛搬到現代國家嘲諷民主制度的現代古裝戲、日裔的獨舞、亞裔的胡琴、學生古典劇碼的習作表演等等。而這些團體的沿街宣傳更帶給這個城市無限的驚奇，就在咖啡座的旁邊，你隨時可以看到古堡裡的王子與公主坐著馬車出現，或者小丑在你身後騎著奇形異狀的腳踏車，或是兩個俠客穿過表演魔術的流浪藝人持劍互砍，一路追逐而去。相對於OFF，當然還有OFF之外的OFF，連門票都不

必，只要你出來曬太陽就可以看到的街頭表演。這些城市的景
致與場場客滿的表演廳交織成亞維儂獨特的趣味。法國左派報
紙《解放報》（*Liberation*）批評本屆藝術節節目規畫沒有明
顯主題，一堆莎士比亞加上東方節目、政治戲、馬戲等：「如
果只是雜燴式的拼盤，藝術節的策畫單位可以取消，統統讓給
OFF演出即可。」


## 以節慶去構想一個城市

　　台灣並不乏節慶，只是我們不曾以節慶去構想一個城市。
或者，總是在全球城市的競爭危機中，大談亞太營運，或者發
展金融科技等等的康莊「老」道。以台北為例，台北藝術節才
剛結束，除了冒出台北文化基金會的定位與花費鉅資外，鮮少
有進一步的討論，也不曾獲得國際媒體的青睞。現在紀錄片雙
年展和台北電影節又要雙雙開幕了，除了可以讓台北人有更多
的選擇之外，從亞維儂的例子來看，我們就得試問：這些表演
帶動了什麼？增加或改進了基礎設施與演出場地嗎？市民增加
了看待藝術的方法嗎？抑或，這個城市變得更有趣嗎？然而，
這些活動（特別是由台北文化基金會所舉辦的）的策略性目標
都在累積市政府的聲譽，但重要的是，藉著這些活動，社區、
NGO、藝術團體有被賦予力量（empower）嗎？每一次的亞維
儂藝術季都是建築空間的整備計畫，一次次的藝術節讓城內所
有的場所都可以變成表演場所，共修建了城內上百個古蹟與廢
棄的歷史建物，包含了學校的體育館與舞蹈教室，為城市帶來
無數觀光收益，居民的社區認同更強、義工組織活絡，讓藝術

節物質性地留在城市,而我們的藝術節呢?

　　討論古蹟活化或是廢棄建築重新利用的議題在台北不算新鮮,新鮮的是到目前為止還沒有新鮮的作法。有些地點逐漸露出曙光,如中山二分局(牯嶺街小劇場)、紅樓戲院、中華舞蹈社(蔡瑞月舞蹈社)、中山國中(台北當代藝術館)、華山特區、紫藤廬、板橋酒廠、迪化街等。我們只有號稱藏有藝術家的藝術村,還有狂風掃過的藝術節,但卻不容易留下什麼。也許在討論台灣團隊出征亞維儂是否成功、是否增進藝術交流之外,值得討論的問題更是:如果我們以節慶去構想一個城市,而不是以政治目的去產生一個藝術節,可以讓藝術季有所累積嗎?如果台灣設想自己在全球競爭下地方城市的發展策略,我們是否能有藝術之城而非工業之城呢?

——原刊於《破週報》1998年復刊21期。

# 除非我們尋找美麗，
# 否則無法拒絕羞辱

　　我知道動物社會研究會的困境不僅是員工沒有薪水，而是一個典型批判性政策型NGO的困境，他沒辦法從「主管單位」那兒拿到任何補助，除非他停止說話。更困難的是，我們如何把貓貓狗狗的事情，變成反省人類社會的機會，並且與「道德訴求」或者虛假浪漫的生態主義為主的團體在社會意義的爭奪下讓動保議題出線。

　　很難，但動物社會研究會還是努力地做。在沒有資源的情況下，他們揭發流浪動物受虐；痛陳中國的熊膽與皮草市場；放生的宗教買辦；關心工廠化飼養條件與屠宰過程的人道對待。

　　有別於其他NGO的道德訴求，動物社會研究會關注倫理問題，這種倫理，用社會學家包曼（Zygmunt Bauman）的話來說，即是：「讓一種選擇的偏好高過其他選擇的努力。」這種努力，就是倫理，而倫理是一種社會產物，社會將倫理銘刻於原始道德上，如果沒有這種努力，我們就沒有想像更好社會的

可能。動物社會研究會在動保議題上的努力，正是讓我們人類
不向殘酷靠攏。除非我們尋找美麗，否則我們無法面對羞辱。

　　動物社會研究會在世界動物日後舉辦了台灣第一次的「動物
影展──ㄊㄚ快樂所以ㄋㄧˇ快樂」，正是這種機會，我有幸
看過一些影片（在影展網站上有充分的介紹）。這次的片子當
然不全是經典之片，在台灣影展暴額的時刻，也非特別突出，
但你少有機會可以真正一下子接觸如此多面向的倫理與殘暴議
題，我說的不是人類社會習慣的文化與語言，情慾與身體的種
種賣弄，而是人類社會與地球其他生物的關係：權力與學習，
殘酷與美麗的重新認識。這影展中，沒有靈犬萊西，卻有可愛
百倍的主角。

　　例如，你在《鵬程千萬里之幕後花絮》可以看到商業片子如
何誠懇地學習，五百人分四組耗資四年上山下海地學習與各種
鳥類相處、游泳與飛翔；你也可以在日本的《螢火蟲之星》看
到一個小學老師簡單努力所造就的奇蹟。你在《慘絕人寰的時
尚每件皮草都殘酷》與《放下殘酷的慈悲拒絕商業化放生》可
以看到人類於資本市場的愚昧貪婪，而在龔玉玲精巧地將殘酷
變成具有抽象與自省深度的《皮上草》與《把花獻給狗》的動
畫中，得知自己可能的倫理力量。

　　在六十六個國家動物保護團體代表一致支持的動物福利普世
宣言（UNIVERSAL DECLARATION FOR THE WELFARE OF
ANIMALS）中，宣言總論的第一條目就是「基於動物是活生
生，有知覺的生物，因而值得特殊考量與尊重。」特殊考量是

我們人類學習了上萬年後才有的珍貴倫理，我們更應該推展至所有動物，人類與非人類的動物，如此地球才能遠離殘酷，全體受惠，飛向卡爾維諾說的燕子之城。

──原刊於《破週報》2005年復刊381期，總編手記。

〈附錄一〉
# 「我身為批評家，
# 無意旁顧平衡立場！」
——Douglas Kellner專訪

【編按】

　　在台北舉行的IAMCR會議中，Douglas Kellner是幾場主要的演講者之一，其發表的〈當今美國媒體與民主危機〉（The Media and the Crisis of Democracy in the USA Today）一文中，追蹤布希政權透過謊言系統、廣告與宣傳部隊掌握主流媒體的政治計畫。是以，他認為，另類媒體雖然不代表進步，但仍為民主社會重要的功能之一。然他文中並沒有詳細提及美國另類媒體與部落圈（blogosphere）的政治生態危機，例如獲《時代雜誌》2004年十二月提名為年度「Blog of the Year」的Power Line是個美國標準的大右翼，其影響力遠超過許多認真批判的blogger與基進思潮的小部落圈，遑論各種商業的運作逐漸侵蝕剛浮現的民主媒體生機。

　　除了學院的身分外，Douglas Kellner最著名的當是他以UCLA

2
2
0

附
錄

‧

「
我
身
為
批
評
家
，
無
意
旁
顧
平
衡
立
場
！
」
──
Douglas Kellner
專
訪

為基地的部落格，Blog Left: Critical Internvetions Warblog（war blog, Iraq, operation Iraqi Freedom, Bush, Gulf War II, left），他盡可能蒐羅了西方英文媒體關於這場無義戰爭的訊息，並附上簡短的評論，此記錄也構成他2005年的新書：《媒體奇觀與民主危機》（*Media Spectacle and the Crisis of Democracy published by Paradigm Press*）。他實踐了某種政治事業，用新聞來寫布希醜聞日誌，一部blog版的《華氏911》。

訪談地點：福華國際文教會館B1咖啡廳
時間：2005年7月25日，3pm
訪談人：黃孫權，丘德真

**問：你這次發表論文，是關於另類媒體的意義；有趣的是，當中提及經濟學家保羅‧克魯曼（Paul Krugman），他仍持續發表文章，而你稱他為主流媒體中的例外。能不能從「例外」解釋一下，在另類媒體林立的今天，主流媒體對於民主社會到底還有什麼意義？**

Douglas Kellner（以下簡稱「Kellner」）：目前在主流媒體中，有計畫地持續批評布希政府的人並不多，保羅‧克魯曼是其中之一。至於另類媒體，每天都有大量文章批評布希政府。當然，對於推動社會變革、進步以及揭露社會問題，主流媒體還是很重要的，像《紐約時報》、《華盛頓郵報》，至於我自己住在洛杉磯，那兒有《洛杉磯時報》，它們都有很多很好的文章。但這些好文章當中，就是少見是批評布希政府的。我

想，很重要的一點是：具有批判意識的主流媒體以及另類媒體，對社會而言，兩者都是很重要的，而且，兩者是相輔相成的。不能說主流媒體就是無價值，就是幫人作宣傳而已。因為，有時候他們作一些調查報導，電視節目如《60分鐘》就很棒。我不認為主流媒體是全無重要性可言，兩者都是重要的。

**問：最近，自從人民幣升值後，保羅‧克魯曼的意見在亞洲又被注視。你個人有遇過保羅‧克魯曼嗎？**

Kellner：對了，針對人民幣升值，他寫了一篇很棒的文章（按：指2005年7月22日發表於《紐約時報》的〈China Unpegs Itself〉）。去年，他出席一個社會學會議，我也在那兒。我們有機會討論布希政府，以及為何主流媒體的批判性減弱的問題，我們談到那些主流媒體面對的其中一個大難題，是如果要發表批評布希政府的文章，得面對隨之而來的數以十萬計攻擊它們的電子郵件，因為有不少有組織的右翼政治動員會槓上。比方說，如果《紐約時報》記者寫文章批評布希，白宮就會打電話到報社，指控他說謊、不愛國，或諸如此類的說辭。

**問：有機會和保羅‧克魯曼談及另類媒體的前景嗎？**

Kellner：他很精明，而且人也很好，也談到了他在《紐約時報》專欄上的意圖。但話題僅止於主流媒體。

**問：從你過去發表的文章中，有一個很棒的論點，指出另類媒體對民主政治而言是非常重要的。但是從近來的情況看來，**

美國出現很多具影響力的部落格，在政治上是傾向保守的。這樣的局面，你怎麼看？

Kellner：沒錯，不是所有的另類媒體都是好的！（笑）有些另類媒體是右翼、反動的，所以，不能一概而論地說主流媒體是爛的，另類媒體就是好的。有些主流媒體作得很好，有些另類媒體作得很反動，很危險。

問：你提到另類媒體對民主社會的運作中扮演重要角色，而目前台灣的情況和美國有點類似，出現很多具有影響力的部落格，但它們的意識形態只是主流的翻版，了無新意。但他們會說自己是「公民記者」、是「新權力」……等等。對這些存在於部落格與部落格之間的緊張關係，你有什麼看法？

Kellner：我想，部落格是另類媒體的一部分，當中存有彼此相互競爭的論辯和傾向，他們推動自己的議題，自己的政治理念，並宣傳自己的觀點。不同的部落格之間自會有爭執。例如，有一些反布希的部落格，會彼此相互串連，對其他部落格提出評論，也攻擊右翼部落格，右翼部落格也攻擊左翼的部落格。有爭吵，但也有辯論，民主政治本來就是這個樣子，不同的觀點彼此相互較勁。

問：主流媒體也使用部落格，你怎麼看？而你自己親身參與部落格實踐，已經有兩、三年了，是否有一些心得可供分享？

Kellner：愈來愈多主流媒體使用部落格，大部分的雜誌都有

在用部落格，有些報紙也一樣。至於我自己，首先，同時也為了研究上的需要，我每天在網上閱讀不同文章，當然，我的部落格也是其他人研究的對象。我不知道自己的部落格有多少影響力，只知道大概有數千人閱讀，我自己也在讀其他人的部落格。我想，這產生了一股積極性的氣氛，在不同社群之間，大家在分享，沒有人是被孤立，大家都是運動的一分子。

**問：能不能介紹一下，這和你的教學工作有何關係？**

Kellner：我在教育系教書，我教老師如何教書。我的教學重點是放在媒體素養（media literacy，或譯「媒體識讀」），不單只教如何解讀、分析，以及批判媒體，而且，也教如何製作，如何使同網路。故在我開的課程中，有包括部落格，同學在上面彼此爭論。也涉及部落格在教學上的用途，這是教育學上的範圍。而我的教學興趣，是教育學和政治學，我認為政治學也是一種教育學。

**問：台灣主流媒體形成的文化霸權，部落格也照樣複製不誤。真正另類、具批判性、基進的部落格，在面對這霸權時，顯得勢單力薄。美國是否有一些經驗，可作為應對策略的參照？**

Kellner：我想，目前在新聞、媒體上已經出現很大的轉變，特別是最近這三年，某些部落格的影響力如日中天。過去，保守勢力認為部落格使主流媒體過於傾向自由主義，所以，他們出書、搞電台、架設部落格；現在，左翼、自由派又認為主

流媒體過於保守，為了撼動這霸權，大量評論員借由部落格發聲，而且，影響力往往更甚於主流媒體。這是一個很大的轉變。過去，另翼聲音被驅趕到邊緣，但藉由網路，特別是部落格、另類出版，大家都可以讀到他們的文章。

**問：集體的聲浪所構成的政治力量，在網路上是否沒有立足點？**

Kellner：可能是，是有一個碎裂（fragmentation）傾向。看看一九五〇年代，美國電視台──甚至是在一九六〇年代──只有三、四個頻道。有線電視出現後，突然間有過百個頻道，台灣也是如此。之後網路普及，有數以千計，甚至百萬計的資訊來源。過去數十年來，有兩本重量級的全國性發行雜誌，即《時代》和《新聞週刊》。現在，不同政治立場有自己不同的雜誌、報紙、出版品、網站。碎裂狀態在不斷擴大，我想在台灣以及世界各地也是如此。

**問：對公共領域（public sphere）而言，這碎裂是否隱伏著些什麼危險性？**

Kellner：是的，這衝擊了大家向來共同分享的集體經驗、身分認同，取而代之的是一種碎裂狀態……這不見得是壞事。可能是一種解放、進步。

**問：這說法很後現代。**

Kellner：是。

問：傳統主流媒體記者因為得罪有權有勢者而捲入法律訴訟時，報社、電台或電視台會挺他們，起碼，大家會認為僱主應該在經濟上挺他們。但今天，部落格主要是得罪了人，只能自求多福。部落格的言論獨立性，到底有何保障？

Kellner：首先，部落格主必須要很有勇氣，他們只是單打獨鬥。我們似乎只能希望大家可以繼續享有言論、新聞自由。目前還沒有看到相關的法律訴訟，我或許錯了，但真的沒想到有任何一宗。這是一個潛在的問題，早晚得面對。

問：針對這潛在的問題，有沒有潛在的應對策略？

Kellner：美國國會開始有相關的修法辯論，例如有討論是關於限制部落格收受政治人物的經費支援。不過，到目前為止，國會傾向拒絕給予任何限制，是完全放任。另外，有關第一修正案的辯論已經結束，部落格主是受到言論自由保護的。其實，獨立媒體中心（indymedia.org）面對政府的監控，比部落格更為嚴重，處境更為險峻。以倫敦為例，獨立媒體中心的電腦主機還被警方扣押呢，說什麼懷疑他們搞恐怖活動。

問：談一談你即將在世新大學開辦的課程嗎？

Kellner：噢，我會教兩門課：一是文化研究（cultural studies）——主要討論如何解讀、分析和批判媒體；另一門課

是文化行動主義（cultural activism）就是要搞獨立媒體了，我在美國奧斯汀有一個對公眾開放（public access）的電視節目，我帶了一些錄影片段來台灣，在課堂中我會和同學討論線上公眾開放性電視（public access TV）在美國的發展情況，（傳播學院院長）成露茜會找一些在台灣公眾開放性電視的行動者到課堂中，我也會講到美國的部落格歷史，也要找一些人來講台灣的部落格。

**問：部落格的湧現，是否衝擊到傳統新聞學過去秉持的「道德」和「社會責任」？**

Kellner：我想，這可從兩方面說：一、是真實性；二、是專業性。其實，對部落格而言，上述兩者也是同樣重要，要不然，部落格裡面的言論不就是一派胡言嗎？不就是淪為宣傳文字？如此，就會失去信譽，大家也會對部落格主印象不好。但是，部落格和主流媒體的責任主要差別是在於：在主流媒體中，編輯是擔任守門人的角色，例如，在《紐約時報》有個記者Jason Blair，他報導中亂扯，並且剽竊《New Republic》，結果他被解僱了。像這種情況，一經編輯發現，就一定得炒魷魚。但部落格格主可能會亂寫，而不必炒自己魷魚。（笑）這是沒有像主流媒體般嚴格沒錯，但是，為了維持自己的聲譽，類似的責任感還是存在的。

**問：所以，是同樣的一套倫理？**

Kellner：是的，是同樣的一套倫理。

**問：那麼，客觀性呢？**

Kellner：有兩個女同學，也是來自報界的，她們今天早上訪問我，第一個問題就是：「你夠客觀嗎？還是，你在立場上是傾向特定的某一方？」我回答說：「搞清楚，我不是記者。要是你在報社工作，身為記者，你就得客觀，要平衡正、反雙方並陳。至於評論人員，像是保羅・克魯曼，他就愛說什麼就說什麼。而我呢，我不是記者，我是媒體批評家（media critics），我必然是要具有批判性。對部落格主而言，客觀就不見得那麼重要了。部落格主是要提出觀點，而非搞新聞報導。故此，客觀與否根本不是問題。」

**問：那麼你是支持Kerry的嗎？**

Kellner：我是獨立人士。我是批評共和黨政府權沒錯，過去我也猛批克林頓政府。只是，我身為批評家，就得具有批判性，無意旁顧平衡立場。

**問： 我們談談政治好嗎？**

Kellner：好，我想我一直在談政治。

**問：回應你提到布希政權的右翼傾向；在台灣，批評政權很容易被貼上藍綠標籤。這使得公共型的知識分子幾乎不存在。舉個有趣的例子，《破報》曾經批評過陳水扁，馬上就被貼上「親中」的標籤；但最荒謬的是，《破報》網站長期被中國封**

2
2
8

附
錄
・
「
我
身
為
批
評
家
，
無
意
旁
顧
平
衡
立
場
！
」
──
Douglas Kellner專訪

鎖，因為我們有討論1989年天安門事件的文章。

Kellner：這和美國很不一樣。要揭發執政勢力的謊言，保羅・克魯曼作了一個有力的示範。他是首先使用「謊言」一詞來指控布希政權的知識分子，他直指布希是在鬼扯。政府會撒謊，企業也會。在主流媒體中，這類知識分子起著重要的作用，諾姆・杭士基（Noam Chomsky）也是另外一個好例子，他踢爆政府——不論是共和黨還是民主黨——向來不遺餘力。有一個法國學者尚・布希亞，我非常敬佩他，其著作中提到過：知識分子就是要踢爆（speak out）。這不只是媒體的責任。在美國的難題，是只有兩個主要政黨。1960年代，反戰聲浪波瀾壯闊。但是，在現在後現代碎裂狀況之下，團結不易達成，反伊拉克戰爭的聲勢就大不如前。在實踐上，這是一個大難題。

**問：美國對抗愛國主義的經驗，可能值得台灣參照。可以談一談這方面的經驗嗎？**

Kellner：右翼布希政權利用愛國主義來攻擊異己，要是有人批評美國對伊拉克的政策，就說他們是不愛國。兩、三個星期前，前駐伊大使Joe Wilson在《紐約時報》撰文，踢爆美國的伊拉克政策是由謊言支撐出來的，例如海珊被指控掌握核武等等，但根本不是那麼一回事。於是，美國政府就說Joe Wilson的妻子是CIA的臥底，指控他們根本不該曝光，並控之為不愛國。於是，情況變得就很詭譎。愛國是什麼呢？愛國應是跳出來，告訴大家我們陷入了一場不該陷入的戰爭。一開始是很難，但終究會愈來愈容易。現在就算是主流媒體，也開始踢爆布希政府了。

〈附錄二〉
# 今日的烏托邦，明日的現實
——David Harvey專訪

大衛·哈維（David Harvey）來台演講，於台大與世新分別給了三場演講，與一個面對面討論，幾乎聚集了空間專業、文化研究領域的師生們。台大圖書館的題目是「理論化空間」與「論全球資本主義」，世新傳播學院的題目是「文化產業與消費——文化·經濟·後現代」。哈維現場回答問題時仔細，孜孜不倦。到紐約市立大學CUNY教書後，那堂維持了二十幾年的「閱讀資本論」課現在有了七十個學生，我想讓他越發地有精神了。

地點：世新大學國際會議廳
時間：2003

**問：你最近的一本書《希望的空間》（*Spaces of Hope*）與你**

之前的作品不太一樣，這本書似乎較為溫暖、善意，並充滿教誨式的啟發？能否談談此種轉變？

Harvey：你知道每本書都有不同目標與讀者，我嘗試以不同的寫作吸引更多的讀者，讓讀者了解政治經濟學的必要，也希望讓讀者能夠透過這些書來明白閱讀《資本論》在當今的意義。你若看我以前的作品，我其實也嘗試過以不同的風格來寫作。這也是一個歷史轉變的過程，有時這樣寫，有時那樣寫，或者混合起來。有趣的是，我想，像《資本的限制》（The Limits of Capital）這樣的書是某種看穿柔軟世界、真實活動、日常生活，以及人們不自覺認為理所當然的世界的一種途徑。當然，讀者有許多種，我必須要有一種方法讓政治經濟學之必要與一個會參觀倫敦博物館的學生發生關係，所以試著用另一種方法來寫作。我也隨時可以回到《資本的限制》的那種風格，相信我，非常容易，我馬上可以。

問：對而我言，似乎不只是寫作風格的問題，似乎也代表了某種學院裡左派的共同處境？

Harvey：的確。很明顯的，在北美，或者說英語的知識、學術圈裡，我們非常流行說「文化轉向」（culture turn）……

問：你恨「文化轉向」吧？

Harvey：是的。人人都會說政治經濟學無用，是舊傳統，應該搞點文化研究吧。我不是完全不贊同文化研究，我也受過其

影響，以及生產相關的研究，例如我對巴黎的長期歷史研究，同樣是處理當時巴黎人的文化與政治生活❹。我想做的是將兩者合起來，當有人說這是文化，是現代，我同意，但同時也是政治經濟的，我們要處理的是這兩者之間的關係。我想將人們從「純文化」研究拉回來，帶點政治經濟學的觀點。我想讓人們理解到，政治經濟學是一種可以讓我們知道我們如何想、如何做的根本。

**問：另一個有趣的事，在你的書中，你提到不同世代對你的課的反應，在台灣剛好也許相反。在解嚴之前，許多學生對馬克思、毛主義充滿了禁忌的熱情，現在隨處可得了，唸毛澤東與馬克思作品的反而少了。現在的學生對於文化轉向的研究也特別熱情，同時在社會運動的表現上，也較為「後」現代了，充滿了歡樂、嘉年華式的形式與熱情。如台灣的無殼蝸牛運動，以及英國現在的raver們爭取路權的運動，你的看法如何？**

Harvey：列寧有句評語：「革命是人民的嘉年華。」這些活動是重要的，一開始是重要的，對於廣泛的政治召喚來說是重要的。我對你的回答是，如果沒有後面的東西出來，那只是作為某種焦慮的釋出，然後又回歸正軌。所以問題不在是否有用，而是運動的人能否認真思考他們如何能愈來愈壯大？機會的確在這裡，在九〇年代後，人們可以用各種形式去對抗政府，表達他們的不願意，我不是反對這種形式，街頭政治仍是當代政治重要的一環，我也參加其中，然我關心的還是，然後要怎麼做？去哪兒？

❹此處指的是David Harvey的《現代性之都——十九世紀的巴黎》一書。

問：你比較喜歡「現代」的抗議形式？現有的抗議形式都很「後」現代呢？

Harvey：我不確定這是「後」還是「前」現代。政治示威都很高科技的，現代的示威方式很多時候是很後現代的。

問：我們知道在西雅圖那場著名的抗議全球化運動中呈現的景象。對峙的兩方，一方是警察，一方是古典形式上的抗議者，而在抗議者後面，則是數以千計的raver在後頭唱歌跳舞？

Harvey：要討論抗議的形式，讓我們回到六〇年代，看看當時的反戰運動領導者之一的大衛·霍夫曼（David Hoffman）在美國警察前面開槍，然後槍上開出一面美國國旗，這還不夠後現代嗎？嘉年華的面向（carnival side）很重要。回到更久以前，如1848年的巴黎革命，也是一個嘉年華式的運動，那時有個傳統，住在巴黎中區的工人，或住在周圍的工人們，禮拜天會出城越牆在同一區喝酒，當喝完酒走回城中時，真是吵鬧。當他們一同走回城中，就是一個工人重返城市的嘉年華，他們重新佔據了城市中的空間。1848年的革命正是工人組織起來，佔領城市，如同1871的巴黎人民公社革命一般。我的重點是，正如列寧所說的，嘉年華是革命的酵素，從街頭喚起人們，以節慶的方式組織培力他們。但西雅圖抗爭那次的形式，我認為也許過於象徵化了，那次的確特別，但非真的行動。在六〇、七〇、八〇年代也有許多類似的形式，都是一樣的。這種歡樂的形式一直維持。

問：在台灣的菲律賓外勞，禮拜天聚會的唱歌唸詩當然可以說是排遣憤怒焦慮，讓隔日更容易回到工作，但這些聚會也的確讓他們更團結、更壯大，不只是嘉年華而已？

Harvey：如果全球化一點來看，他們在星期天的聚會討論在工作中如何被剝削，交換經驗，這些與全球化力量有關。全球力量控制了空間，也就控制了地方，如果全球化控制了空間，也就摧毀地方可行的創意，這些事情一再發生。你看巴黎公社的革命，也是控制地方，然後是空間，發展出一種非常具有革命視野的概念。政府是非常擔心的，所以才會採取屠殺，真的是屠殺，有兩、三萬人被殺。空間的轉變與網絡對革命是重要的，展現了其限制與機會。我同意你的觀察，這是非常有用的活力、有力的情感表達動員，但我也很焦慮，也是我所擔心的。我擔心這些都會變成控制剝削的一部分，如1960的學生運動，和九〇年之後的洛杉磯種族暴動，我不覺得之後社會結構會有巨大的轉變，洛杉磯的非裔人士狀況會變好。

問：在東亞，也許內部殖民的問題更顯得重要。例如台灣與中國、泰國、菲律賓等國家勞動力剝削的問題？一種解答是布爾迪厄（Pierre Bourdieu）重提「國家的左手」的提議，特別是他對歐盟國家平均工資水平的提議，你的看法與策略如何？特別是在區域國家的層次上。

Harvey：全球化就我的觀點而言，就是地理上的不均衡發展。全球化真是壞，壞的原因是一切又回到以前。我有興趣的策略是改變全球化的語言，以殖民主義、軍事殖民主義、帝國

主義、區域的不均衡發展等說法來取代全球化，這也就是我要處理的，也是政治介入的可能性。對你所說的問題，必須面對東亞之間的內部政治的複雜，台灣的商人全球做生意真是有問題，有些更糟的例子例如韓國人到越南、瓜地馬拉的作為，台灣的商業行為與中國的關係又很複雜，這些對政治而言都有極大的空間，對國家的結盟與地位就很重要。例如新加坡，這個區域對資本主義的發展也非常重要，中國的發展是焦點，但現在看來非常負面。如何將在地的議題，例如菲律賓外勞的問題連結到區域、全東亞國家的層次是要很努力的。我知道韓國有些幫助窮人的住宅計畫就是針對菲律賓的外勞，這是很具區域性的政治行動，我不知道如何產生的，但開始發生了。歐盟也開始了某些計畫，有些非常進步，但歐盟內部的反動勢力，地方新納粹的問題一樣嚴重。在這個時刻，我們更應該思考如何行動。上海的地方城鎮與企業也在大鍋飯破產後負責照顧下崗工人，付起社會責任（廠辦社會），同樣的上海有許多發展也很悲觀，但世界上新自由主義無處不在，你必須面對。

**問：區域性國家的角色是很重要的？**

Harvey：那要看何種政治提議？

**問：如像布爾迪厄說的，在東亞區域國家內訂定一定的工資水平？**

Harvey：那是一個很好的目標，聽起來像烏托邦，需要很長的時間去設想，那當然是一個很好的狀態。但對我來說，第

一個共產黨破產於1840年的巴黎，之後所有共產主義都是破產的，我甚至不知道什麼叫做共產主義。但有一個很好的說法是，今日烏托邦，明日的現實（today utopia planning, tomorrow going real），因此我必須回頭與烏托邦之理想合作。

**問：這就是希望所在。**

Harvey：是的，這就是希望。

**問：你為何選擇要當一個地理學家？什麼讓你從實證主義的經濟地理轉向政治經濟以及左派的地理學家？**

Harvey：我曾寫了一長篇交代此一問題，我會送你一份。

**問：那說些精采的部分好了？**

Harvey：年輕的時候，我就想離家，老想往外跑，與我的幻想一起。其次，當時大英帝國還「存在」，我認為世界上有許多人都是屬於我的，我的集郵簿有許多地方郵票上都有皇冠的標誌，如薩爾瓦多、印度、非洲的許多地方，我認為我就是帝國，帝國的一部分。這對我的影響很大。

**問：最後，談談對你的批評？**

Harvey：我有批評，天啊，怎麼可能？！我怎麼都不知道（大笑）。

問：就是你從來不談性別、性傾向、種族問題而老是以階級觀點出發？也許你討厭的文化轉向也是部分的原因？

Harvey：我不喜歡討論性別議題的時候，好像就與階級無關。分析種族問題時，好像不需要提到階級。的確，階級分析是有限制的，但是每種研究都有其限制，我也從其他領域裡學到很多。有人問我，我可以寫本女性主義的《資本的限制》，那是不可能的。我與其他人有非常大的對話空間。說我是個白人、歐洲中心，那我還能多說什麼？一個有趣的對話經驗是我與美國巴特摩市非裔人士一起工作時，我們常常互相批判、討論，有一次我對他們說，你們到底想要我怎麼樣？他們說：讓路。我說：不行，你們一定要與我協商，就好像我要與你們協商一樣。你不能叫人們讓路給你的。

國家圖書館預行編目資料

除非我們尋找美麗／黃孫權著. --初版. --臺北
市:寶瓶文化, 2014.06
面; 公分. -- (Vision;117)
ISBN 978-986-5896-76-8(平裝)

1. 言論集

078                                           103010894

vision 117

# 除非我們尋找美麗

作者／黃孫權

發行人／張寶琴
社長兼總編輯／朱亞君
主編／張純玲・簡伊玲
編輯／賴逸娟・丁慧瑋
美術主編／林慧雯
校對／賴逸娟・陳佩伶・劉素芬・黃孫權
企劃副理／蘇靜玲
業務經理／李婉婷
財務主任／歐素琪　業務專員／林裕翔
出版者／寶瓶文化事業股份有限公司
地址／台北市110信義區基隆路一段180號8樓
電話／(02)27494988　傳真／(02)27495072
郵政劃撥／19446403　寶瓶文化事業股份有限公司
印刷廠／世和印製企業有限公司
總經銷／大和書報圖書股份有限公司　電話／(02)89902588
地址／新北市五股工業區五工五路2號　傳真／(02)22997900
E-mail／aquarius@udngroup.com
版權所有・翻印必究
法律顧問／理律法律事務所陳長文律師、蔣大中律師
如有破損或裝訂錯誤,請寄回本公司更換
著作完成日期／二〇一四年
初版一刷日期／二〇一四年六月
初版二刷日期／二〇一四年六月二十六日
ISBN／978-986-5896-76-8
定價／三〇〇元

# 愛書人卡

感謝您熱心的為我們填寫，
對您的意見，我們會認真的加以參考，
希望寶瓶文化推出的每一本書，都能得到您的肯定與永遠的支持。

**系列：Vision117　書名：除非我們尋找美麗**

1. 姓名：＿＿＿＿＿＿＿＿　性別：□男　□女

2. 生日：＿＿＿＿年＿＿＿＿月＿＿＿＿日

3. 教育程度：□大學以上　□大學　□專科　□高中、高職　□高中職以下

4. 職業：＿＿＿＿＿＿＿＿＿

5. 聯絡地址：＿＿＿＿＿＿＿＿＿＿＿＿＿＿＿＿＿＿＿＿＿＿＿＿＿

　　聯絡電話：＿＿＿＿＿＿＿＿＿　　手機：＿＿＿＿＿＿＿＿＿

6. E-mail信箱：＿＿＿＿＿＿＿＿＿＿＿＿＿＿＿＿＿＿＿＿＿

　　　　　　□同意　□不同意　免費獲得寶瓶文化叢書訊息

7. 購買日期：＿＿＿ 年 ＿＿＿ 月 ＿＿＿日

8. 您得知本書的管道：□報紙／雜誌　□電視／電台　□親友介紹　□逛書店　□網路

　　□傳單／海報　□廣告　□其他＿＿＿

9. 您在哪裡買到本書：□書店，店名＿＿＿＿＿＿　□劃撥　□現場活動　□贈書

　　□網路購書，網站名稱：＿＿＿＿＿＿＿　□其他＿＿＿＿＿

10. 對本書的建議：（請填代號　1. 滿意　2. 尚可　3. 再改進，請提供意見）

　　內容：＿＿＿＿＿＿＿＿＿＿＿＿＿

　　封面：＿＿＿＿＿＿＿＿＿＿＿＿＿

　　編排：＿＿＿＿＿＿＿＿＿＿＿＿＿

　　其他：＿＿＿＿＿＿＿＿＿＿＿＿＿

　　綜合意見：＿＿＿＿＿＿＿＿＿＿＿＿＿＿＿＿＿＿＿

11. 希望我們未來出版哪一類的書籍：＿＿＿＿＿＿＿＿＿＿＿＿＿＿＿

讓文字與書寫的聲音大鳴大放

**寶瓶文化事業股份有限公司**

（請沿此虛線剪下）

**寶瓶文化事業股份有限公司　收**

110台北市信義區基隆路一段180號8樓

8F,180 KEELUNG RD.,SEC.1,

TAIPEI.(110)TAIWAN R.O.C.

（請沿虛線對折後寄回，或傳真至02-27495072。謝謝）